Ejercicios prácticos
de
arte.
terapia

Técnicas efectivas
para trabajar la depresión,
la ansiedad y el trauma

Título original: Essential Art Therapy Exercises: Effective Techniques to Manage Anxiety, Depression, and PTSD
Traducido del inglés por Francesc Prims Terradas
Diseño de portada: Editorial Sirio, S.A.
Diseño de interior: Suzanne LaGasa
Maquetación: Toñi F. Castellón

© de la edición original
 2020 de Rockridge Press, Emeryville, California
© de las imágenes
 Shutterstock/Azurhino, portada; Shutterstock/S-BELOV p. 8; Shutterstock/Annie Brusnika p. 8; iStock/Alex_
 Wang1 pp. 8, 86; Shutterstock/Lu_Lova p. 8; Shutterstock/think4photop p. 8; Shutterstock/Irina Simkina p. 8;
 iStock/shoo_arts pp. 8, 74; Shutterstock/Cincinart p. 8; Shutterstock/Skolkokrasok p. 8; iStock/beastfromeast
 p. 42; Shutterstock/arxichtu4ki p. 45; iStock/Zinaida Kostiukovich p. 52; iStock/Marina Indova p. 106; iStock/
 Oleh_Slobodeniuk p. 116 iStock/Sasiistock p. 118; Shutterstock/Elena Ray pp. 124, 166; Shutterstock/FotoHe-
 lin p. 135; Shutterstock/anastasiya adamovich p. 137; Shutterstock/sutsaiy p. 140; iStock/PeopleImages p. 161;
 iStock/Rawpixel p. 189 iStock/amoklv p. 190; Shutterstock/Olesya Tseytlin p. 196; Shutterstock/Trinet Uzun p.
 219; Shutterstock/Benjavisa Ruangvaree Art p. 222

Fotografía de la autora cortesía de Leah Guzman
Publicado inicialmente en inglés por Rockridge Press, un sello de Callisto Media, Inc.

© de la presente edición
 EDITORIAL SIRIO, S.A.
 C/ Rosa de los Vientos, 64
 Pol. Ind. El Viso
 29006-Málaga
 España

www.editorialsirio.com
sirio@editorialsirio.com

I.S.B.N.: 978-84-19685-04-9
Depósito Legal: MA-1364-2023

Impreso en Imagraf Impresores, S. A.
c/ Nabucco, 14 D - Pol. Alameda
29006 - Málaga

Impreso en España

Puedes seguirnos en Facebook, Twitter, YouTube e Instagram.

El papel utilizado para la impresión de este libro está **libre de cloro** elemental (ECF) y su procedencia está certificada por una entidad independiente, no gubernamental, que promueve la sostenibilidad de los bosques.

Leah Guzman

Ejercicios prácticos
de
arte.
terapia

Técnicas efectivas
para trabajar la depresión,
la ansiedad y el trauma

EDITORIAL
SIRIO

Este libro está dedicado a quienes están sufriendo. Dejad que el arte sea la herramienta que os guíe en el camino de la recuperación.

ÍNDICE

INTRODUCCIÓN

Mi intención como arteterapeuta es proveer un espacio seguro en el que los clientes puedan experimentar sus emociones y expresarlas creativamente, y en el que puedan cultivar oportunidades de vivir de otra manera. El arte ha sido, para mí, una vía de escape en períodos turbulentos, y ha constituido mi primera defensa a la hora de lidiar con los desafíos de la vida. El arte también forma parte de las medidas que adopto a diario para mantener mi vida en equilibrio. Practico lo que predico. Mi misión es ayudar a otras personas a encontrar una manera de conectar el cuerpo, la mente y el alma a través de la creatividad. Es increíblemente satisfactorio ayudar a alguien a descubrir su verdadero potencial y a vivir una vida en la que el sufrimiento no esté presente. Como arteterapeuta acreditada, ofrezco estos servicios a todos los grupos de edad en el ámbito privado, tanto de forma presencial como en línea. Mi experiencia con clientes adolescentes va desde el trabajo con jóvenes en riesgo que se encuentran en refugios para casos de crisis y en correccionales de menores hasta el trabajo con alumnos de escuelas públicas. También tengo mucha experiencia con adultos que sufren ansiedad, depresión o algún tipo de trauma. Además de mi labor como arteterapeuta privada, he trabajado en instalaciones psiquiátricas y en refugios para mujeres.

Mi experiencia clínica ha consistido en el uso del enfoque cognitivo-conductual de la arteterapia para tratar la depresión, la ansiedad y el trastorno de estrés postraumático. Los enfoques cognitivo-conductuales, que incluyen prácticas de atención plena y meditación, también forman parte de mi método de arteterapia. La arteterapia les ofrece a los clientes una manera de ver qué está ocurriendo en su mente y de aprender nuevas formas de cambiar sus patrones de pensamiento, lo cual los puede conducir a descubrir una nueva perspectiva. Este libro proporciona técnicas creativas para lidiar con la depresión, la ansiedad y el trastorno de estrés postraumático. Si eres un profesional de la salud mental, haz tú los ejercicios antes de hacerlos con tus clientes. Si vas a hacerlos por tu cuenta, date tiempo para reflexionar escribiendo las respuestas a las preguntas de exploración.

Tengo la esperanza de que los contenidos de este libro impulsen tu visión, tu expresión personal, tu atención plena, tu aceptación y tu compasión. Concretamente, los ejercicios están concebidos para proporcionar representaciones visuales de los pensamientos y de los sentimientos y emociones. Cuando las personas descubren que pueden ejercer un control sobre sus pensamientos y que tienen capacidad de elección en cuanto a lo que sienten, esta comprensión afecta a sus comportamientos. Todo el mundo puede aprender nuevas maneras de responder a situaciones que se den en su vida. La arteterapia no es solamente para quienes tienen un temperamento artístico; también puede serles útil a las personas que consideran que no tienen habilidades artísticas. Cualquier ser humano abierto a aprender técnicas que impulsan la autoconciencia puede obtener algo de esta experiencia.

Aquellos para los que hacer arte es algo nuevo deberían enfocarse más en el proceso que en el producto. Con este fin, deben soltar los pensamientos críticos, porque el hecho de juzgar la calidad del trabajo artístico frena el proceso creativo. Lo valioso es el acto expresivo, porque es el que proporciona información sobre los sentimientos o emociones y los comportamientos. Hacer arte para expresar emociones y sentimientos puede ser realmente catártico y liberador. Todo el mundo debería encontrar tiempo para «entrar en calor» realizando los ejercicios preparatorios que he incluido al final del capítulo uno. Cuando una persona está abierta a mirar hacia dentro y encontrar nuevas maneras de lidiar con los sucesos de la vida haciendo arte sin juzgarse, acontece la transformación. El mundo empieza a cambiar. Si aparecen pensamientos críticos en tu mente, limítate a observarlos; no reacciones. No son más que pensamientos. Mantén intacta la intención de utilizar estos ejercicios para sanar y para aprender nuevas maneras de vivir en armonía.

Primera parte

El arte de la terapia

Capítulo 1

¿QUÉ ES LA ARTETERAPIA?

La arteterapia es un enfoque psicoterapéutico para el tratamiento de trastornos emocionales y del comportamiento que se sirve del arte y la psicología para ayudar a mejorar nuestras vidas. A través del proceso artístico, los participantes pueden expresar sus emociones y sanar lo que está ocasionando su ansiedad, su depresión o su trastorno de estrés postraumático. Los arteterapeutas son terapeutas formados para establecer relaciones terapéuticas con los participantes con el objetivo de facilitarles oportunidades que incrementarán su cognición, su autoconciencia y su autoestima, y aumentarán sus habilidades sociales y su capacidad de afrontar situaciones. Los ejercicios de arteterapia incluidos en este libro abarcan diversas técnicas, desde la elaboración de *collages* y composiciones hasta el dibujo, la pintura, el modelado, la escritura y la fotografía. Cada ejercicio tiene que ver específicamente con los objetivos del tratamiento y con determinadas necesidades emocionales.

EL ORIGEN DE LA ARTETERAPIA

El arte siempre ha constituido una forma de comunicación para los seres humanos. Su origen podría remontarse a las primeras pinturas rupestres descubiertas en España, realizadas hace miles de años. El lenguaje visual del arte sigue teniendo un papel importante en nuestra vida diaria. Estamos rodeados de imágenes. Tanto si estamos caminando por la calle y vemos una señal de cruce como si estamos navegando por Internet en casa sentados en el sofá, vemos manifestaciones artísticas por todas partes. La arteterapia es una herramienta útil que nos ayuda a comprender el mundo que nos rodea.

Según un artículo titulado «Art Therapy», publicado en el sitio web GoodTherapy, el origen de la arteterapia se documentó por primera vez, y simultáneamente, en Europa y Estados Unidos en el siglo XX. Adrian Hill, artista, autor y arteterapeuta británico, acuñó la denominación *arteterapia* en 1942. En 1938, mientras estaba ingresado en un sanatorio a causa de la tuberculosis, Hill se dio cuenta de que el arte tenía valor terapéutico para los enfermos. Empezó a trabajar con otros pacientes también ingresados y escribió un libro titulado *Art Versus Illness* [Arte versus enfermedad], en el que documentó sus descubrimientos.

El artículo «Art Therapy» también habla de otras personas que hicieron sus aportaciones a este campo. A principios de la década de 1900, en Estados Unidos, Margaret Naumburg (psicóloga, educadora, artista y autora estadounidense, llamada la «madre de la arteterapia»), escribió sobre sus experiencias con la psicoterapia y el arte. Fue autora de varios libros e inició un movimiento para que la arteterapia estuviese presente en las escuelas, lo cual desembocó en la creación de programas de maestría en arteterapia de nivel universitario. Hanna Kwiatkowska, una artista talentosa que trabajó en el

Instituto Nacional de Salud Mental estadounidense, ayudó a familias a mejorar sus dinámicas de relación a través de la arteterapia. Florence Cane, profesora de arte, propuso un enfoque terapéutico a través del arte enfocado en los procesos y centrado en fomentar el desarrollo de la identidad y estimular el crecimiento personal. Edith Kramer impulsó el campo al establecer el programa de arteterapia de la Universidad de Nueva York, en la que era profesora. Elinor Ulman fundó *The American Journal of Art Therapy* en unos tiempos en los que no existía ninguna otra publicación centrada en la arteterapia. Desde que aparecieron los primeros escritos, esta modalidad profesional se ha ido desarrollando y ha llegado a ser ampliamente aceptada como una opción de tratamiento efectiva que podemos encontrar en diversos entornos. Los avances tecnológicos han impulsado el campo al hacer que se pueda acceder a información y ejercicios en línea. Actualmente, también utilizamos la tecnología como herramienta para promover la sanación.

¿POR QUÉ LA ARTETERAPIA?

El objetivo de la arteterapia es que la persona se sirva de un proceso creativo para obtener mayor autoconciencia y fomentar su introspección con el fin de comprenderse mejor a sí misma y tener un mayor control sobre sus emociones. El trabajo artístico constituye una «documentación» visual de los propios pensamientos, sentimientos y emociones. Estas imágenes mentales pueden ofrecer soluciones a problemas y revelaciones sobre la causa de ciertos sentimientos y emociones. Estas revelaciones proporcionan un punto de partida para aceptar los propios sentimientos y para aprender a responder de maneras nuevas a las propias emociones. Los beneficios de este proceso son, a largo plazo, una mayor autoestima, un autoempoderamiento más sólido y el desarrollo de habilidades que podrán usarse, en el futuro, para lidiar con las dificultades de la vida.

Las investigaciones realizadas en el campo de la arteterapia cognitivo-conductual (ATCC) han confirmado la utilidad de la arteterapia. Según expone Marcia Rosal en su libro *Cognitive Behavioral Art Therapy* [Arteterapia cognitivo-conductual], investigaciones de base empírica han demostrado que la ATCC es el tratamiento más eficaz para la ansiedad, la depresión y el trastorno de estrés postraumático. El objetivo de la ATCC es enseñar a quien se somete a ella a adaptarse a las distintas situaciones vitales mejorando sus habilidades de afrontamiento y aprendiendo a adaptarse a los entornos.

La arteterapia también puede incrementar la autoestima. El hecho de terminar una obra artística puede generar sentimientos de logro, empoderamiento y satisfacción a alguien que esté sufriendo depresión. Se puede aprender sobre los contenidos de la propia mente inconsciente si se reflexiona sobre la obra creada y se siguen las indicaciones que se dan en este libro.

El hecho de hablar sobre la obra creada también incrementa la autoconciencia. Si una persona sufre depresión o ansiedad, el hecho de mirar la obra producida y comentarla la llevará a reflexionar sobre sí misma, lo cual aumentará su autoconciencia y su capacidad de autocontrol. El hecho de tener un mayor control sobre las emociones conduce a la resiliencia emocional. La resiliencia emocional es tener conciencia de los propios pensamientos y de aquello que los suscita. Una persona dotada de resiliencia emocional sabe autorregularse y es capaz de lidiar con las situaciones estresantes. La autorregulación tiene que ver con elegir maneras constructivas de gestionar los sentimientos y las emociones cuando surgen, en lugar de abordarlos de formas destructivas que suelen conducir a comportamientos que después lamentamos. Aprender a ocuparnos de nuestros sentimientos y emociones es clave para la sanación.

La arteterapia puede ayudarnos a identificar las causas del estrés emocional y a lidiar con dicho estrés de una manera constructiva. Por ejemplo, alguien que esté sufriendo trastorno de estrés postraumático (TEPT) tendrá que explorar los detonantes asociados con su trauma. Hacer arte que haga aflorar recuerdos es un proceso cognitivo. Las personas que padecen el TEPT tienen que conectar con lo que ocasionó el estrés inicial y trabajar con sus emociones. Si exploran estas emociones y las integran en su psique, serán capaces de procesar la experiencia vital para superar el trauma.

La arteterapia también incrementa la capacidad de resolver problemas, ya que algunos ejercicios están diseñados para que la persona encuentre maneras alternativas de manejar las situaciones. Según Rosal, cuando mejoran las habilidades cognitivas, también somos más capaces de resolver problemas. Y además halló que el proceso creativo mejora la toma de decisiones. A través del proceso artístico tenemos muchas oportunidades de tomar decisiones, ya que, por ejemplo, debemos elegir colores, detalles y diseños.

La arteterapia en grupo es efectiva porque les permite a los participantes practicar la comunicación como parte del proceso terapéutico, lo cual también incrementa la socialización. Mi parte favorita de las sesiones de arteterapia grupales es cuando cada uno habla del significado de su trabajo con los otros miembros del grupo. Cuando un participante comparte su historia, les da a los otros miembros la oportunidad de conocerlo de una manera más personal. A su vez ellos lo apoyan escuchándolo, dándole opiniones y haciéndole sugerencias. El proceso fomenta la conexión y el sentimiento de comunidad.

Beneficios físicos de la arteterapia

La arteterapia presenta numerosos beneficios para la salud mental, pero también puede tener un efecto positivo sobre el bienestar fisiológico. El estrés se manifiesta en el cuerpo físico a diario; los síntomas pueden ser dolor de cabeza, dolor de espalda, tensión muscular, dolor en los hombros, nervios en el estómago, fatiga, hipertensión, ingesta excesiva de comida o insomnio. Aprender a identificar la causa del estrés y a lidiar con él conducirá a un estilo de vida más saludable.

En un estudio dirigido por Girija Kaimal en 2016, el arte mostró tener un efecto positivo en el grado de estrés de los participantes. Se les midieron los niveles de cortisol, la hormona del estrés, antes de que se pusiesen a hacer arte y después de una sesión de cuarenta y cinco minutos de trabajo artístico. Al compararse los resultados, se vio que el setenta y cinco por ciento de ellos presentaban unos niveles de cortisol más bajos después de la sesión. Lo más interesante de este estudio es que los participantes no tenían ninguna experiencia en el terreno de la creación artística. El proceso de crear arte ayuda a aliviar las manifestaciones físicas del estrés, incluso si no somos conscientes de este efecto. Como terapeuta, me encuentro con que la mayoría de mis clientes disfrutan el proceso, si bien les cuesta encontrar tiempo para él en la vida diaria.

LA CONEXIÓN ENTRE EL ARTE Y LA TERAPIA

Hay dos perspectivas en la manera de usar la arteterapia en las sesiones: el *arte como terapia* y *el arte en la terapia*. Se considera que el arte *como* terapia está orientado al producto, porque es satisfactorio crear una pieza de arte que sea estéticamente agradable. El acto de producir la obra artística es un fin en sí mismo. El proceso creativo puede fomentar la autoconciencia, impulsar la autoestima e incrementar el crecimiento personal. Por ejemplo, si hago una taza de arcilla, la taza me hará sentir bien porque la he creado. Por lo tanto, mi autoestima aumentará.

En el enfoque del arte *en* la terapia, la labor artística es un instrumento psicoterapéutico para profundizar en las emociones y explorar los sentimientos y pensamientos de la persona. Para seguir con el ejemplo de la taza: ¿qué representa esa taza para mí? ¿Qué sentimiento quiero obtener? ¿Cómo usaré la taza para lidiar con la ansiedad? Puedo prepararme una taza de té cuando la ansiedad aparezca... Este libro proporciona muchas técnicas para el enfoque del arte en la terapia. El arte es un lenguaje simbólico que entra en contacto con el inconsciente. Los procesos, las formas, los contenidos y las asociaciones verbales transmiten información sobre lo que está ocurriendo en la vida de la persona. Este enfoque ayuda a resolver conflictos emocionales y a desarrollar la percepción; además, la persona puede adquirir nuevas habilidades que la ayuden a manejarse por la vida.

La arteterapia es eficaz como tratamiento contra la ansiedad, la depresión y el TEPT. Según el Instituto Nacional de Salud Mental estadounidense (NIMH, por sus siglas en inglés), la ansiedad es un sentimiento que surge en relación con distintos ámbitos de la vida, y a menudo es un resultado saludable y esperable. Se convierte en un trastorno cuando una preocupación excesiva interfiere en las relaciones, el desempeño laboral o el rendimiento escolar. La arteterapia cognitivo-conductual (ATCC) enseña distintas maneras de responder a las situaciones que generan ansiedad.

El NIMH define la *depresión* como un trastorno del ánimo grave que afecta a las actividades diarias durante dos semanas por lo menos. Los síntomas de la depresión incluyen tristeza, irritabilidad, sentimientos de culpa o inutilidad, cambios en el apetito, dificultades para dormir (o se duerme en exceso), baja energía o fatiga, y pensamientos de muerte o suicidio. La ATCC aborda los patrones de pensamiento relacionados con los síntomas de la depresión. Se ha determinado que el mejor tratamiento es la medicación combinada con la arteterapia.

El TEPT, tal como lo define el NIMH, es un trastorno que padecen algunas personas tras experimentar un suceso impactante, aterrador o peligroso. Es natural sentir miedo en el contexto de una situación traumática, y la respuesta de lucha o huida es una reacción típica con la que intentamos evitar sufrir daños. La mayoría de las personas se recuperan de manera natural, pero algunas se siguen sintiendo estresadas o asustadas cuando el peligro ya ha pasado. La ATCC aborda el suceso traumático por distintos medios. Esto capacita al individuo para procesar las emociones de tal manera que el suceso pasado deja de parecerle abrumador.

Hay estudios que también han mostrado que la práctica de la gratitud a través de la escritura hace que las personas se sientan menos quemadas en el trabajo, que duerman mejor y que se recuperen antes de los problemas de salud. Un estudio llevado a cabo por el Mindful Awareness Research Center ('centro de investigación de la atención plena') de la Universidad de California en Los Ángeles (UCLA) mostró que la gratitud estimula la materia gris del cerebro, lo cual tiene un efecto positivo en el sistema nervioso central.

LA INTERPRETACIÓN DENTRO DEL PROCESO TERAPÉUTICO

La interpretación de la pieza de arte implica comprender todos los aspectos de esta, y es importante no emitir juicios en el proceso. El arte es subjetivo, y cada uno de nosotros nos acercamos a él con nuestras propias proyecciones. Lo más importante de reflexionar sobre la pieza de arte es que el artista diga qué asociaciones encuentra. Por ejemplo, una persona puede asociar el color azul con la tristeza, mientras que para otra puede representar una sensación de libertad. Ten presente que los terapeutas profesionales cuentan con mucha formación y una alta capacitación clínica para hacer que la experiencia de crear arte y procesar los significados asociados a la obra artística sea segura. Si surgen preguntas o cuestiones problemáticas al interpretar el producto artístico, es fundamental consultar con un arteterapeuta profesional.

Tanto si se está en un grupo de arteterapia como si el contexto es la relación directa entre cliente y terapeuta, un primer paso importante es hacer preguntas antes de apresurarse a sacar conclusiones. Haz siempre preguntas de respuesta abierta para evitar hacer proyecciones o interpretar la obra desde tu prisma personal.

Siguen a continuación ejemplos de preguntas de respuesta abierta. Lo ideal es anotar las respuestas, para tenerlas como referencia en el futuro. Las puedes escribir en un cuaderno o en el dorso de la obra que has creado.

Preguntas a considerar cuando se está examinando un producto artístico:

- ¿Cómo describirías la imagen objetivamente? (Líneas, formas, objetos, colores utilizados).

- ¿Qué sentimientos o emociones afloraron mientras la estabas realizando?
- ¿Cómo describirías la pieza artística usando la palabra *yo*?
- ¿Cómo se comunican entre sí partes diferentes de la obra para dar lugar a una pieza coherente?
- ¿Qué significan para ti los colores utilizados?
- ¿Qué título le pondrías a la obra? ¿Qué pensamientos te han llevado a este título?
- ¿Qué relación guarda esta obra con tu vida actual?
- Si tu pieza de arte tuviese un mensaje para ti, ¿qué te diría?

Además, hay varios indicadores visuales que se deben tomar en consideración a la hora de interpretar una pieza artística. Estos son algunos de ellos:

- Excesivos borrados.
- El uso del espacio.
- Las relaciones entre los objetos.
- Faltan partes del cuerpo.
- Faltan manos o pies.
- Marcas en un cuerpo.
- Calidad de las líneas.
- Falta de color.
- Combinaciones de colores.

En la relación terapéutica, es necesario que el terapeuta cree un espacio seguro para los clientes, de modo que se establezca una relación de confianza y estos puedan revelar sus sentimientos. La creación artística puede dar lugar a respuestas emocionales fuertes y a sentimientos de vergüenza, culpa, tristeza, enojo o apatía. Un terapeuta bien formado será capaz de manejar la sesión para animar y ayudar al participante a sublimar sus sentimientos. Si eres presa de emociones abrumadoras mientras estés trabajando con este libro, busca el apoyo de un arteterapeuta cualificado.[*]

---

[*] N. del T.: La autora recomienda en este punto, concretamente, que se establezca contacto con un terapeuta cualificado de la American Art Therapy Association ('asociación estadounidense de arteterapia'), que podrá encontrarse en el sitio web de la asociación: arttherapy.org.

La visualización guiada

La visualización guiada es un relato verbal que se puede utilizar para evocar sentimientos o desarrollar la habilidad de resolver problemas. Se puede usar para evocar una sensación de relajación o un sentimiento de paz, o para manifestar algo en la vida. La visualización también puede ser una herramienta para investigar la manera de lidiar con situaciones que estén afectando al individuo en esos momentos. En la mayoría de las visualizaciones, la persona cierra los ojos e imagina una escena, que después dibujará.

CONSIDERACIONES PREVIAS PARA TRABAJAR CON LA ARTETERAPIA

Hay ciertos factores que deben considerarse a la hora de empezar a trabajar con la arteterapia. Si eliges contactar con un arteterapeuta cualificado, es importante que te comprometas a encontrar tiempo para cuidar de ti. La sanación y la autoconciencia son procesos de desarrollo personal que avanzan con el tiempo. Un arteterapeuta establece unos objetivos terapéuticos y propone unos ejercicios especialmente concebidos para satisfacer las necesidades de sanación del cliente. Para hacer cualquiera de los ejercicios incluidos en este libro por tu cuenta, también necesitarás tomar en consideración el tema del tiempo, reunir materiales, disponer de un lugar para la práctica artística, calentar el músculo de la creatividad y elegir una actividad que te resulte estimulante. Prefiero empezar mi propia práctica con una meditación para centrarme y enraizarme; esto me permite permanecer enfocada en la creación artística.

Materiales

Para comenzar a practicar la arteterapia, necesitarás varios materiales que no sean tóxicos. Para dibujar, es esencial que dispongas de lápices, lápices de colores, pasteles al óleo, rotuladores de colores y carboncillo. Para pintar, prefiero las acuarelas y la pintura acrílica, ya que se secan rápido y son fáciles de limpiar. No recomiendo las pinturas con base de aceite; tardan mucho más en secarse y pueden contener aditivos tóxicos, además de que es necesario aplicar disolventes para quitarlas. Sigue a continuación una lista completa de los artículos que necesitarás para hacer los ejercicios incluidos en este libro.

Herramientas para dibujar

- Bolígrafo negro (o pluma).
- Carboncillo.
- Lápices de colores.
- Lápices de dibujo.

- Pasteles al óleo (o ceras).
- Rotuladores para tela.
- Rotuladores de colores.

Pinturas

- Acuarelas.
- Bolígrafos de pintura (*paint pens*).

- Pintura acrílica.
- Pintura en aerosol.
- Pintura para tela.

Papel

- Cartulina gruesa.
- Papel de calco.
- Papel de carnicero.*
- Papel de seda.

- Papel grueso para dibujar.
- Periódicos.
- Revistas.

---

* N. del T.: El papel de carnicero es un tipo de papel *kraft* que originalmente se vendía a los carniceros para envolver la carne. Actualmente se comercializa para muchos usos, como actividades de arte y manualidades en las escuelas. Es un papel económico pero resistente que se vende en rollos grandes. (Fuente: Wikipedia, *butcher paper*).

Arte tridimensional

- Alambre.
- Alginato para moldes.
- Arcilla autosecante.
- Arcilla polimérica.
- Cajas de madera o de cartón variadas.
- Cajita de hojalata de unos 9 x 6 cm.
- Cordel.
- Cuenco de cerámica.
- Fieltro.
- Fotografías.
- Gesso en espray.*
- Herramientas de modelado
- Mod Podge®**
- Model Magic® (masa para modelar).
- Moldes con forma de cara.
- Objetos encontrados.
- Papel de aluminio.
- Relleno de almohada.
- Tela.
- Vaselina.
- Vendas de yeso.

Accesorios

- Bolsas de plástico (pequeñas y grandes).
- Cinta de enmascarar.***
- Cola líquida.
- Gomas de borrar.
- Hilo.
- Impresora.
- Máquina de coser (opcional).
- Martillo.
- Ordenador (una tableta, un ordenador portátil o un ordenador de sobremesa estarán bien para la mayoría de los ejercicios de arte digital).
- Pegamento en barra.
- Pegamento líquido.

---

* N. del T.: El *gesso* es una sustancia, normalmente de color blanco, que consiste en una mezcla de varios componentes, entre ellos un aglutinante, yeso y un pigmento. Se aplica a varios tipos de superficies antes de pintar sobre ellas.

** N. del T.: El Mod Podge® es un producto con base de agua que agrupa tres funciones: encolar, sellar y barnizar. De color blanco, queda transparente e incoloro una vez seco. Es fácil encontrarlo a la venta en Internet.

*** N. del T. La cinta de enmascarar, conocida también como *cinta de carrocero* o *cinta de pintor*, es la cinta adhesiva de papel, fácil de desprender, con la que se protegen determinadas superficies antes de empezar a pintar.

- Pinceles.
- Pistola de cola termofusible y barras de cola termofusible.
- Secador de pelo.
- *Smartphone.*
- Tijeras.
- Vaso con agua.

ESPACIO DE SANACIÓN SALUDABLE

Es extraordinariamente importante disponer de un espacio seguro y acogedor para las sesiones de arteterapia. El espacio ideal es privado, cuenta con una ventana por la que entra luz natural, dispone de una buena mesa en la que trabajar y contiene una gran cantidad de materiales con los que hacer arte. Si el espacio acoge a un grupo, los participantes deberían sentarse en círculo alrededor de una mesa grande para que la comunicación sea más fácil y para facilitar la cohesión grupal. Y el terapeuta debería tener todos los materiales preparados antes del inicio del ejercicio. Si los materiales están en el centro de la mesa, será más fácil que todos puedan acceder a ellos. Si vas a hacer los ejercicios solo, busca un lugar en el que las distracciones sean limitadas. Si hace falta, cuelga un cartel de «No molestar».

Si una persona hace los ejercicios por su cuenta, recomiendo encarecidamente que tenga una sesión con un arteterapeuta para procesar los diversos pensamientos y emociones. El terapeuta proporcionará ideas y reflexiones que difícilmente concebirá el cliente por sí mismo. Es posible que el terapeuta ofrezca sesiones en línea o presenciales, para escoger. En las sesiones en línea con terapeutas estadounidenses, los encuentros tienen lugar en una plataforma que se atiene a las normas de privacidad que dicta la ley HIPPA, lo cual garantiza la confidencialidad de las sesiones.

EJERCICIOS DE CALENTAMIENTO

Los siguientes ejercicios de calentamiento son una gran manera de «desentumecerse» y practicar la expresión antes de abordar un ejercicio más largo. Hay personas a las que las intimida una hoja de papel en blanco. Los ejercicios de calentamiento pueden romper esta barrera y favorecer el proceso de relajación. Recomiendo que se haga al menos uno de estos ejercicios a diario. Al practicar rituales sanadores unos minutos cada día, se aprenden nuevos hábitos que fomentan la buena salud mental.

Identificar sentimientos

Duración del ejercicio: 10 minutos

Beneficios: se identifican y expresan sentimientos

MATERIALES:
Bolígrafos de pintura, crayones o rotuladores (lo que prefieras); 1 hoja de papel grueso de dibujo de 18 x 24 pulgadas*

1. Elige un color que refleje cómo te estás sintiendo hoy.
2. Dibuja un círculo con ese color.
3. Dentro del círculo dibuja, usando líneas y formas, una imagen, o más de una, que transmita cómo te estás sintiendo hoy.
4. Ponle un título a tu obra.

Pintar líneas en sincronía con la respiración

Duración del ejercicio: 10 minutos

Beneficios: incrementa la conciencia de la respiración y favorece la relajación

MATERIALES:
1 pincel, acuarelas, 1 hoja de papel grueso de dibujo de 18 x 24 pulgadas, vaso con agua

1. Humedece el pincel y elige un color que quieras utilizar.
2. Haz una inhalación profunda por la nariz. Contén la respiración mientras pones el pincel en la esquina superior izquierda de la hoja de papel. Mientras exhalas poco a poco, pinta una línea ondulada.

---

* N. del T.: Estas medidas corresponden al formato de papel usado en América del Norte conocido como Arch 3 (45,7 x 61 centímetros aproximadamente). Si el lector no puede encontrar este formato de papel, el formato DIN A2 tiene unas dimensiones parecidas (41 x 59,4 centímetros).

3. Elige el mismo color u otro. (Si cambias de color, no te olvides de enjuagar el pincel). Añade el color al pincel. Haz una inhalación profunda mientras pones el pincel sobre el papel. Esta vez, mientras exhalas, haz un círculo grande.

4. Elige otro color, pero esta vez haz respiraciones cortas. Con cada exhalación, pinta pequeñas marcas o marcas de verificación (✓) en el papel.

5. Elige un último color y haz una inhalación profunda. Pinta una marca o un símbolo de tu elección mientras exhalas.

Dibujar una canción

Duración del ejercicio: 5 minutos

Beneficios: conecta emociones al acto de dibujar líneas expresivas

MATERIALES:
Canción favorita, lápices de colores, 1 hoja de papel grueso de dibujo de 18 x 24 pulgadas

Haz que suene tu canción favorita y utiliza líneas y colores para expresar lo que te hace sentir la melodía.

Hacer un dibujo a partir de un garabato

Duración del ejercicio: 10 minutos

Beneficios: se exploran deseos o conflictos inconscientes

MATERIALES:
Pasteles al óleo, 1 hoja de papel grueso de dibujo de 18 x 24 pulgadas, lápices de colores

1. Cierra los ojos y haz un garabato en el papel con un crayón de pastel al óleo.
2. Mira el garabato desde diversos ángulos. Observa su longitud y su textura.
3. Crea una imagen a partir del garabato utilizando los lápices de colores.

¿Cómo te llamas?

Duración del ejercicio: 10 minutos

Beneficios: potencia la expresión y aumenta la autoestima

MATERIALES:
Rotuladores de colores, 1 hoja de papel grueso de dibujo de 18 x 24 pulgadas

1. Escribe tu nombre en el papel con grandes letras de molde. Hazlo en horizontal y de izquierda a derecha.
2. Piensa una palabra positiva que empiece con la misma letra que tu nombre. Añade esta palabra a tu composición, en cualquier parte de la hoja.
3. Elige tus colores favoritos y crea un diseño dentro de cada una de las letras que componen tu nombre.

Fluir y expresar en movimiento

Duración del ejercicio: 10 minutos

Beneficios: los movimientos amplios hacen que el cuerpo se libere y se vuelva más expresivo

MATERIALES:
Cinta de enmascarar, hoja grande de papel de carnicero, rotuladores de colores

1. Usando la cinta de enmascarar, pega una gran hoja de papel de carnicero en la pared.
2. De pie, sostén un rotulador de cualquier color y mueve el brazo en un círculo amplio para dibujar en el papel.
3. Sigue dibujando muchos círculos grandes en el papel, utilizando varios colores. Hazlo con los dos brazos, alternándolos.

Meditación

Duración del ejercicio: 5 minutos

Beneficios: enseña a meditar, favorece la relajación, apacigua la actividad mental y lleva la atención al momento presente

MATERIALES:
Teléfono móvil
u ordenador
para reproducir
la Centering
Meditation
('meditación para
centrarse') de este
sitio web:
leahguzman.com/
centering-meditation*

1. Siéntate en un lugar confortable y pon en marcha la meditación grabada.
2. Sigue las instrucciones.
3. Haz tres veces este ejercicio centrado en la respiración. Si te vienen pensamientos a la cabeza, obsérvalos y deja que se vayan.

---

* N. del T.: Se trata de una pequeña meditación guiada de poco más de dos minutos enfocada en la atención en la respiración, pensada para centrarse antes de empezar una actividad artística. Por supuesto, está en lengua inglesa. Esencialmente, consiste en contar del 1 al 6 tanto durante la inhalación como durante la retención del aire, y del 8 al 1 durante la exhalación, en el curso de tres respiraciones. (Cuando los pulmones están vacíos, se vuelve a inhalar enseguida).

Registro de gratitud

Duración del ejercicio: 5 minutos

Beneficios: potencia los efectos positivos en el sistema nervioso

MATERIALES:
Cuaderno y
bolígrafo

Escribe en tu cuaderno cinco cosas que hayan ocurrido hoy por las que estés agradecido. Puedes hacer este ejercicio a diario, en el momento de levantarte o en el de acostarte.

Afirmación de poder

Duración del ejercicio: 10 minutos

Beneficios: genera una mentalidad positiva y se identifican sucesos de la vida real que apoyan la afirmación

MATERIALES:
Bolígrafo, 1 hoja
de papel grueso
de dibujo de
18 x 24 pulgadas,
rotuladores
de colores

1. Con el bolígrafo, escribe una afirmación en el papel usando letras de molde o con letras burbuja.* Una afirmación es una declaración breve y positiva diseñada para que ayude a manifestar los objetivos. La clave es concebirla como una confirmación de algo que es verdad, aunque se sienta que eso no es plenamente cierto todavía. El hecho de repetir una afirmación una y otra vez ayuda a que lo que expresa se haga realidad.

---

* N. del T.: Una variedad del *lettering*. Son letras gruesas que parecen estar llenas de agua o de aire (también se las conoce como letras globo).

Aquí tienes algunos ejemplos de afirmaciones:

Valgo mucho.
Estoy aprendiendo que no pasa nada por
cometer errores.
Estoy abierto(a) a encontrarle un nuevo
sentido a la vida.
Me amo y acepto tal como soy.

2. Elige un rotulador y remarca el mensaje
siguiendo el trazo hecho con el bolígrafo
(las letras quedarán más gruesas). Cuelga
el mensaje en algún lugar donde vayas a
verlo a diario. Cada día, di la afirmación en
voz alta, con mucha convicción. Los pensamientos positivos generan sentimientos positivos y atraen experiencias vitales
positivas.

Bosquejo consciente

Duración del ejercicio: 10 minutos
Beneficios: incrementa la atención plena y la concentración en el
momento presente

MATERIALES:
1 lápiz, 1 hoja de
papel grueso de
dibujo de
18 x 24 pulgadas

Elige un objeto cercano (como puede ser
una taza, una planta o un libro) y esboza su
forma. Añade tantos detalles como quieras.

Segunda parte

Ejercicios de arteterapia

Capítulo 2

PINTURA Y DIBUJO

Dibujar y pintar son excelentes maneras de manifestar la propia creatividad. Dibujar con lápices y bolígrafos proporciona estructura y control, mientras que pintar con un pincel es una actividad fluida, en la que nos soltamos. Ambas técnicas pueden servir para expresar las propias emociones. Ten un cuaderno de bocetos a mano para dibujar tu entorno, plasmar ideas inspiradoras o documentar tus sentimientos. Esta es una gran manera de hacer el seguimiento de las propias emociones y de los estímulos que las activan.

Animales guía

Dibujar imágenes de animales estimula la inspiración y el sentirse a gusto. Pero lo más importante es que los animales que elijas dibujar te proporcionarán información y mensajes importantes sobre ti. El animal que estás dibujando puede ser indicativo del tipo de persona que eres en ese momento o el tipo de persona que puedes llegar a ser. Cada animal tiene unas cualidades y unas características con las que puedes identificarte. Una vez tuve una clienta que eligió una tortuga y lo asoció con el hecho de ir despacio por la vida. Cuando hablamos de la tortuga empezó a darse cuenta de que ir despacio no es necesariamente una característica negativa; es una manera de bajar el ritmo y disfrutar los pequeños momentos de la vida.

---

* N. del T.: Ver nota en la página 31.

PASOS:

1. Tómate un tiempo para elegir tres animales. El primer animal debería representarte físicamente (la forma en que te mueves o el aspecto que tienes), el segundo debería representarte emocionalmente (la forma en que te sientes) y el tercero debería representarte cognitivamente (la forma en que piensas).

2. Con el lápiz, dibuja los tres animales en la hoja. No te quedes atrapado en tratar de hacerlo a la perfección. Sé creativo y dibuja los animales tal como los ves o según la sensación que te producen. Si necesitas ayuda, inspírate en imágenes de estos animales.

3. Añade el entorno en el que viven los animales (una montaña, un valle, la jungla, una casa, un zoo, etc.). Puedes reflejar hábitats diferentes en la misma hoja de papel.

4. Cuando hayas terminado el esbozo, repasa con el bolígrafo negro las líneas hechas con el lápiz.

5. Colorea las imágenes con los lápices de colores.

Preguntas de exploración:

- Piensa en las cualidades positivas de cada animal o habla de ellas. ¿Qué tienen que ver contigo estas cualidades?
- ¿Cómo puedes usar estas cualidades para lidiar mejor con una situación de tu vida?
- ¿Cómo pueden vivir juntos los animales que has elegido?

Rueda de emociones y estados emocionales

BENEFICIOS:

Ayuda a identificar emociones y estados emocionales para tener un mayor dominio sobre ellos

Duración del ejercicio:

50 minutos

MATERIALES:

1 lápiz

1 hoja de papel grueso de dibujo de 18 x 24 pulgadas

Lápices de colores

Pasteles al óleo

Un primer paso para la regulación emocional puede ser conectar con una emoción o un estado presente en la rueda de este ejercicio. Identificar lo que estamos sintiendo actualmente es importante para el desarrollo de la autoconciencia. Este ejercicio te ayudará a reconocer tus emociones y estados emocionales al nombrarlos y pensar sobre ellos. Si te cuesta expresar una emoción en particular, podrías empezar con uno de los estados emocionales siguientes; mira si te identificas con alguno de ellos: felicidad, alegría, tristeza, apatía, aburrimiento, enojo, rabia, frustración, amor, *shock*, ansiedad, aversión.

PASOS:

1. Utilizando un lápiz, dibuja un círculo grande en la hoja de papel. Si necesitas ayuda para ello, usa como plantilla un objeto redondo (un bol, por ejemplo).
2. Divide el círculo en ocho triángulos (como si fuese una tarta).
3. Escribe el nombre de una emoción o un estado emocional junto al borde de cada triángulo. Cuando hayas terminado deberías tener ocho triángulos y ocho emociones o estados emocionales anotados junto a cada triángulo.

4. Elige un color que asocies estrecha-
mente con la emoción o el estado emocional que has escrito y colorea el triángulo combinando el uso de los lápices
de colores y los pasteles al óleo. No co-
lorees el nombre de la emoción o el estado emocional. Haz esto con cada uno
de los ocho triángulos.

Preguntas de exploración:

* ¿Qué emociones o estados emocionales has escrito en primer
  lugar?
* ¿Qué emociones o estados emocionales estás experimentando
  en este momento?
* ¿Has pintado dos emociones o estados emocionales con el mismo color? En caso de que así sea, ¿qué significa esto para ti?
* Observa tu rueda, ¿hay más emociones negativas que positivas,
  o viceversa?

En un entorno grupal: dile a cada participante que evalúe su propio
trabajo en silencio. Después, los distintos participantes pueden compartir su análisis personal con los otros miembros.

Paisaje emocional

Un paisaje emocional es una metáfora de cómo nos sentimos. Nos da la oportunidad de explorar nuestros estados emocionales de una manera simbólica. ¿Cómo se reflejan en una escena las emociones que albergas en este momento? Concibe que tu paisaje tiene un fondo, un segundo plano y un primer plano. Sé creativo al visualizarlo. Tu paisaje emocional puede consistir en colinas ondulantes, montañas, un mar embravecido, un desierto árido o un jardín exuberante, por ejemplo. También puede ser que cambie cada día o cada semana.

PASOS:

1. Siéntate durante cinco minutos y evalúa tu estado de ánimo actual. Observa qué emociones y sentimientos hay en ti en este momento. Piensa en un paisaje que represente visualmente dicho estado. Si quieres, busca imágenes en libros o en Internet para inspirarte.

2. Con el lápiz, dibuja en la hoja de papel un bosquejo del paisaje que has visualizado.

3. Usando el pincel y las acuarelas, colorea el paisaje. Si quieres, puedes sumergir el pincel en el agua para cambiar de color o para hacer que un determinado color sea más claro o más oscuro.

4. Ponle un título a tu obra.

Preguntas de exploración:

* ¿Se corresponde lo que has pintado con el estado emocional que estás experimentando en este momento?
* ¿Cuánto hace que te sientes así?
* Si pudieses hacerte pequeño(a) y saltar dentro de tu pintura, ¿en qué punto aparecerías?
* ¿Contiene algún mensaje tu pintura?

El puente

Duración del ejercicio:

55 minutos

~~~~~

MATERIALES:

1 lápiz

1 hoja de papel grueso de dibujo de 18 x 24 pulgadas

Pintura acrílica

1 pincel

Vaso con agua

Un puente es una estructura de estabilidad y conexión. Simboliza adónde queremos ir, cómo vamos a llegar ahí y qué obstáculos podríamos tener que superar a lo largo del camino. Los puentes están hechos de materiales diversos (hormigón, acero, madera y cuerdas) que pueden afectar a la experiencia que se tenga en ellos. Imagina el primer paso en un sólido puente de hormigón frente al primer paso en un puente de cuerda. Antes de empezar a hacer el ejercicio, decide de qué estará hecho tu puente.

PASOS:

1. Con el lápiz, bosqueja tu puente sobre la hoja de papel. A la izquierda del puente, incluye imágenes de lo que estás dejando. A la derecha, dibuja imágenes de aquello hacia lo que te estás encaminando. Bajo el puente, dibuja obstáculos que te has encontrado a lo largo del camino.

2. Colorea la obra utilizando el pincel y la pintura acrílica.

3. Añádete a la imagen. ¿En qué punto del puente y del recorrido te encuentras? Puedes indicar tu ubicación poniendo un punto, una figura de palo* o cualquier otro elemento que elijas para represen-tarte a ti mismo.

Preguntas de exploración:

* ¿Qué ha evitado que hayas superado las dificultades que has identificado hasta el momento?
* ¿En qué grado son significativas estas dificultades?
* Enumera cinco cosas que podrías hacer para superar estas dificultades.

---

* N. del T.: Una figura de palo (por su traducción literal del inglés), también llamada monigote en el campo del dibujo, es una imagen muy simple; cuando representa a una persona, se hace esencialmente dibujando unas pocas líneas rectas para representar el tronco y las extremidades, y un círculo para representar la cabeza.

Tu día ideal

BENEFICIOS:

Mejora el estado
de ánimo y
estimula la
relajación y la
colaboración

**Tiempo de
preparación:**

5 minutos

**Duración del
ejercicio:**

55 minutos

MATERIALES:

1 lápiz

1 hoja de papel
grueso de dibujo
de 18 x 24 pulgadas

Lápices de colores

Acuarelas

1 pincel

Vaso con agua

Si pudieses hacer lo que quisieses hoy, ¿qué sería? Prescinde de todas las limitaciones que sueles esgrimir, como impedimentos económicos, problemas de agenda, etc. Salir del pensamiento habitual y abrirte a vivir un día en el que las limitaciones no estén presentes puede elevar tu ánimo y aumentar tu esperanza.

PASOS:

1. Dedica cinco minutos, por lo menos, a pensar en cómo sería tu día ideal. Cuentas con libertad para hacer lo que quieras. ¿Cuándo te levantarías? ¿Pasarías el día solo o con otras personas? ¿Te quedarías en casa o irías a alguna parte? Piensa en todos los detalles.

2. Dibuja con el lápiz, en la hoja de papel, tu día ideal. Puedes dibujar una escena en un lugar o muchas actividades.

3. Añade color al dibujo con los lápices de colores o las acuarelas.

Preguntas de exploración:

* ¿Qué emociones has experimentado en el curso del ejercicio?
* ¿Qué actividades se te han ocurrido al pensar en cómo te gustaría pasar el tiempo?
* Si tuvieras el poder de elegir tu vida, ¿cómo sería esta vida soñada?

En un entorno grupal: intercambiad los dibujos tú y otro participante y añade elementos a su dibujo. El hecho de efectuar incorporaciones al dibujo de otra persona fomenta la cohesión grupal y refuerza la conexión. También es divertido ver lo que la imaginación de otros puede aportar a tu obra.

EJERCICIOS PRÁCTICOS DE ARTETERAPIA

Un lugar seguro

BENEFICIOS:

Se crea un lugar seguro para contribuir a aliviar la ansiedad

Duración del ejercicio:

50 minutos

MATERIALES:

1 hoja de papel grueso de dibujo de 18 x 24 pulgadas

Rotuladores de colores

Lápices de colores

Pasteles al óleo

El hecho de crear un espacio seguro sobre el papel puede ayudarnos a aliviar la ansiedad cuando hay algo que la ha desencadenado. El factor activador puede ser un ruido, un olor o algo que vemos que nos hace sentir pánico porque lo asociamos con una experiencia negativa. El desencadenante de un trauma es un estímulo que nos transporta a la experiencia traumática original. Estos detonantes son diferentes para cada persona. Puedes usar el dibujo que realices en este ejercicio como una imagen que te ayude a pensar en un espacio seguro cuando aparezca un factor que active tu ansiedad. El propósito de crear un lugar seguro es inducir relajación y suscitar sensaciones de seguridad. Si tu experiencia traumática fue demasiado intensa y te cuesta imaginar un lugar seguro, prueba a usar una alegoría, como puede ser una puesta de sol, una escena en una playa o un local social.

PASOS:

1. Piensa en un lugar en el que te sientas muy bien (exterior, interior o un mundo de fantasía). Por ejemplo, tal vez la playa te aporte una sensación de calma. O tal vez ese lugar sea tu habitación. O un castillo mágico...

2. Refleja este espacio en la hoja de papel usando los rotuladores, los lápices de colores o los pasteles al óleo. Añade detalles y colores que te hagan sentir relajado y a gusto.

Preguntas de exploración:

- ¿Hay asociaciones que te hagan sentir incómodo(a)?
- ¿Hay lugares, olores o personas que te evoquen pensamientos positivos o sensaciones de seguridad? Identifica unos cuantos.
- El hecho de saber cuáles son los desencadenantes de tu ansiedad te permite prepararte para lidiar con una situación dada. ¿Qué otras herramientas, del tipo hablar con un amigo, escribir en un diario o meditar, pueden ayudarte a lidiar con este tipo de situaciones?

Representación del cuerpo a tamaño real

BENEFICIOS:

Mejora la autopercepción, estimula la autoconciencia y potencia las cualidades personales

Duración del ejercicio:

1 hora

MATERIALES:

Corte de papel de carnicero un poco más largo que tu altura

Lápiz

Cinta de enmascarar

Pintura acrílica

Pinceles variados

Vaso con agua

Con este ejercicio verás cómo usar distintas partes del cuerpo para comunicar cómo te sientes. También te ayudará a reconocer qué sientes respecto a cada una de ellas. ¿Acumulas tensión en alguna zona? ¿Qué partes de ti te gustan? Una de mis clientas, que quería someterse a una intervención quirúrgica de afirmación de género,* pintó grandes líneas horizontales sobre su pecho. Ello le dio la oportunidad de expresar el rechazo que sentía por su cuerpo actual y dio lugar a una conversación sobre los cambios que le gustaría implantar en su cuerpo en el futuro. También pudo identificar partes de su cuerpo que le gustaban.

PASOS:

1. Pon el papel de carnicero en el suelo.
2. Túmbate sobre la hoja y traza tu forma con el lápiz. Tal vez tendrás que sentarte para delinear la mitad inferior de tu cuerpo.
3. Pega la hoja en la pared con la cinta de enmascarar.
4. Dentro de la figura de tu cuerpo, utiliza la pintura para reflejar qué ocurre en tu

---

* N. del T.: La afirmación de género es un conjunto de procedimientos quirúrgicos enfocados en atender las necesidades estéticas de las personas transgénero (tanto hombres como mujeres). La finalidad de estas intervenciones es que la persona pueda

interior. Incluye las sensaciones físicas, los sentimientos y los pensamientos.

5. Representa, con líneas y colores, tu energía y cómo te sientes.

6. Identifica en la imagen dónde alojas tus cualidades positivas.

Preguntas de exploración:

* ¿Cómo te sientes siendo tú ahora mismo?
* ¿Dónde sitúas tus cualidades? ¿Por qué ahí?
* ¿Dónde sitúas el estrés? ¿Por qué ahí?
* Piensa en cómo es aplicable a tu vida esta información. Si hay algo de ti que no te gusta, ¿puedes efectuar algún cambio?
* ¿Cómo podrías «homenajear» a las partes de ti que te gustan?

En un entorno grupal: forma pareja con alguien que te ayude a trazar la figura de tu cuerpo en la hoja de papel. Es importante que haya confianza entre los dos participantes.

---

llegar a tener el rasgos y características físicas acordes al género con el que se identifica.

Empoderarse

BENEFICIOS:

Potencia las habilidades de afrontamiento constructivas

Tiempo de preparación:

5 minutos

Duración del ejercicio:

45 minutos

~~~~~~~

MATERIALES:

1 lápiz

1 hoja de papel grueso de dibujo de 18 x 24 pulgadas

Lápices de colores

Pintura acrílica

1 pincel

Vaso con agua

La fuerza interior y la seguridad en ti mismo pueden ayudarte a lidiar con los tiempos difíciles. El poder personal tiene que ver con tener capacidad de adaptación frente a las situaciones que presenta la vida, responsabilizarse de las propias acciones y ser capaz de expresar los propios deseos y necesidades. Cuando puedas gestionar bien tus emociones, te sentirás poderoso. Tienes el poder de elegir cómo responder frente a los sucesos de la vida. Cuando emplees herramientas de afrontamiento para manejar las emociones, tu vida cambiará, inevitablemente. Cuando comprendas y aceptes tu poder, podrás alcanzar tus metas.

PASOS:

1. Dedica cinco minutos, por lo menos, a pensar en un símbolo que represente tu poder personal. Puede tratarse de un símbolo de protección o un símbolo de manifestación de tu fuerza actual.

2. Cuando tengas una imagen mental del símbolo, esbózalo sobre el papel con el lápiz.

3. Colorea tu bosquejo, utilizando la pintura o los lápices de colores.

Preguntas de exploración:

* ¿En qué áreas de tu vida te falta poder?
* Profundiza y analiza tu actividad diaria. ¿En qué momentos cedes tu poder a lo largo del día?
* A algunas personas les resulta útil llevar encima un objeto como un amuleto o un cristal porque representa el poder para ellas, y esto puede aportarles fuerza. ¿Qué objeto podría tener esta utilidad en tu caso?

Símbolos sanadores

BENEFICIOS:

Refuerza la autoestima y las habilidades de afrontamiento

Duración del ejercicio:

50 minutos

~~~~~~~

MATERIALES:

Ordenador

1 hoja de papel grueso de dibujo de 18 x 24 pulgadas

Papel de calco

1 lápiz

Pintura acrílica

Pinceles

Vaso con agua

Los símbolos pueden recibir muchas interpretaciones, según las creencias de cada uno. Los símbolos sanadores son imágenes que evocan paz y son muy personales. Encontrar fuerza en los símbolos puede ser empoderador. Podemos encontrar inspiración en animales, logos, la naturaleza u objetos cotidianos. Muchos de mis clientes eligen la mariposa porque es un símbolo de la transformación y el cambio. Otros eligen alguna flor como señal de esperanza o un determinado animal para potenciar su poder personal. En los momentos difíciles, puedes acudir a tu símbolo sanador en busca de apoyo. Plantéate la posibilidad de colgar tus símbolos sanadores en casa para que te recuerden tu desarrollo personal.

PASOS:

1. Elige un símbolo que represente tu proceso de sanación.
2. Encuentra una imagen de este símbolo en Internet e imprímela.
3. Utilizando el lápiz y el papel de calco, traslada la imagen a la hoja de papel. Si no tienes papel de calco, podrías usar la pantalla de tu ordenador como fuente de luz. Pon la hoja de papel sobre la pantalla y delinea la imagen.

4. Pinta el interior de la imagen con la pintura acrílica y colorea el fondo.

Preguntas de exploración:

* ¿Ha habido algo en tu obra que te haya sorprendido?
* ¿Cómo puedes incorporar tu símbolo a tu día a día?

Momentos traumáticos

BENEFICIOS:

Evoca el evento traumático y ayuda a procesar las emociones

Duración del ejercicio:

50 minutos

~~~~~~

MATERIALES:

1 lápiz

1 hoja de papel grueso de dibujo de 18 x 24 pulgadas

Lápices de colores

Pueden ser sucesos traumáticos los desastres naturales, los accidentes importantes, los atentados terroristas, las guerras, las agresiones y otros delitos violentos... Las personas que padecen el TEPT pueden experimentar síntomas meses o años después del suceso. Los síntomas del TEPT pueden ser, entre otros, pesadillas, recuerdos no deseados del suceso, reacciones exageradas, ansiedad o depresión. Este ejercicio te ayudará a determinar el orden de los sucesos que tuvieron lugar justo antes del evento traumático, en el curso de este y una vez finalizado el evento. A muchas personas que experimentan un suceso traumático les cuesta recordar los detalles, porque se encontraban en estado de *shock*. El acto de dibujar el evento puede ayudarte a recuperar la historia para integrarla en tu memoria.

PASOS:

1. Con el lápiz, traza tres líneas para dividir el papel en tres partes iguales.

2. En la primera sección, dibuja con los lápices de colores cómo era tu vida antes del evento traumático. En la segunda sección, dibuja el evento traumático. En la tercera, dibuja tu vida tras el suceso.

3. A continuación, escribe en la otra cara del papel tus respuestas emocionales al relato de tu historia. **NOTA:** Contacta con un terapeuta cualificado si necesitas ayuda para procesar tus emociones.*

Preguntas de exploración:

* ¿Con qué sistemas de apoyo cuentas para procesar tus emociones?

* ¿Cómo contarías tu historia ahora para integrar el suceso en tu vida?

---

* N. del T.: Concretamente, la autora recomienda que se contacte con uno de los terapeutas que se pueden encontrar en el sitio web de la American Art Therapy Association (arttherapy.org).

El jardín del yo

BENEFICIOS:

Incrementa la autoconciencia y nos ayuda a reconocer nuestros puntos fuertes y débiles

Tiempo de preparación:

5 minutos

Duración del ejercicio:

45 minutos

MATERIALES:

1 hoja de papel grueso de dibujo de 18 x 24 pulgadas

Rotuladores de colores

Pasteles al óleo

Un jardín es una bella alegoría de la vida. Una de mis citas favoritas es esta: «Una flor no piensa en competir con la flor de al lado. Se limita a florecer». Todos estamos en nuestro camino, si bien necesitamos cuidados, como un jardín. En este ejercicio, el jardín simboliza tu espacio mental. Cuidar de tu jardín puede traerte desafíos y recompensas. Crear tu jardín te ayudará a identificar tus objetivos y los obstáculos que podrían impedir que los alcanzases.

PASOS:

1. Tómate cinco minutos para imaginar el jardín del yo como alegoría. Las plantas representan tus cualidades y características positivas, las semillas representan tus objetivos, y las malas hierbas representan las circunstancias o los problemas que te impiden alcanzar esos objetivos.

2. Con los rotuladores y los pasteles al óleo, dibuja tus cualidades positivas como plantas saludables.

3. Dibuja como semillas (o como plantas que germinan) los objetivos que quieres conseguir.

4. Dibuja malas hierbas para representar aquello que podría impedirte alcanzar tus objetivos.

5. Añade elementos necesarios para el cuidado del jardín.

Preguntas de exploración:

* ¿Cómo describirías las plantas, las semillas y las malas hierbas de tu jardín?
* Nombra algunas cosas que puedas hacer para cuidar de tu jardín.
* ¿Qué es lo siguiente que puedes hacer para librarte de las malas hierbas y nutrir las semillas en tu vida?

Alegoría visual de tu vida

Dedica un tiempo a pensar en tu vida actual. ¿Qué alegorías se te ocurren? Una buena alegoría para la vida es un paisaje. Piensa en las emociones que te embargan cuando miras un paisaje de árboles agitados violentamente por el viento en comparación con cuando miras un paisaje de suaves colinas cubiertas de pasto. Una de mis imágenes alegóricas favoritas es una escena que muestra, solamente, unas puertas rojas. Una clienta dibujó unas puertas que se abrían hacia el fondo, como si se estuvieran abriendo al futuro y a nuevas oportunidades. Piensa en varios objetos que puedan simbolizar tu vida actual o la vida hacia la que te estás encaminando.

PASOS:

1. Tómate quince minutos para reflexionar sobre tu vida. ¿Qué alegoría podría representar tu situación actual?
2. Esboza una representación visual de esa alegoría en el papel con los lápices de colores.
3. Añade más color a tu obra con las acuarelas.

Preguntas de exploración:

- ¿Qué emociones han surgido mientras pintabas?
- ¿Qué sentimientos y emociones están asociados con tu actual experiencia vital?
- Es importante que seas honesto(a) en cuanto a tus sentimientos y emociones con el fin de sentirlos y soltarlos. ¿Se te ocurre una imagen que represente cómo te gustaría experimentar la vida? Escribe tus pensamientos en tu cuaderno.

Lo que alberga el corazón

Muchas personas albergan estrés en el corazón, lo cual es peligroso tanto desde el punto de vista físico como mental. Dibujar un corazón y pintarlo con colores alegóricos brinda la oportunidad de sanar emociones al afrontar de una manera tangible ese estrés. Una forma de combatirlo es desarrollar habilidades de afrontamiento como la gratitud, el apoyo por parte de amigos, hablar con alguien, el perdón, ayudar a alguien o realizar una actividad artística.

PASOS:

1. Imprime el contorno de un corazón de Internet o, si lo prefieres, dibuja un corazón grande en la hoja de papel con los lápices de colores. Si lo has impreso, recorta el contorno y pégalo en el papel.

2. Dentro del corazón, escribe las emociones que está albergando el tuyo en este momento. Asocia las emociones con los distintos colores utilizando la pintura acrílica.

3. En el espacio que hay alrededor del corazón, escribe las habilidades de afrontamiento que te ayudarán a sanar. Si lo prefieres, puedes dibujar líneas que salen del corazón y escribir las habilidades de afrontamiento en estas líneas.

Preguntas de exploración:

* ¿Qué emociones y sentimientos ha estado albergando tu corazón?
* ¿Desde cuándo sientes esto?
* ¿Qué necesita de ti tu corazón?
* ¿Qué harás para incorporar a tu vida nuevas habilidades de afrontamiento?

Elige una afirmación

BENEFICIOS:

Fomenta una mentalidad positiva y mejora las habilidades relativas a la resolución de problemas y la toma de decisiones

Duración del ejercicio:

1 hora

MATERIALES:

Ordenador

1 tira de papel

1 lápiz

Pintura acrílica

Pinceles

1 bote de vidrio pequeño

Vaso con agua

Las afirmaciones son declaraciones poderosas cuyo fin es instaurar una nueva mentalidad y cambiar creencias limitantes. Se puede programar al cerebro para que se crea una afirmación a través del proceso de escribirla y leerla repetidamente. En este ejercicio, elegirás una afirmación para que te ayude con una dificultad que estés experimentando en estos momentos. Por ejemplo, si tienes problemas de autoestima, tu afirmación podría ser: «Estoy aprendiendo a amarme a mí mismo(a)». Las declaraciones potentes referidas a uno mismo pueden transformarse en creencias.

PASOS:

1. Busca, en Internet, una afirmación positiva con la que te identifiques.
2. Escribe la afirmación en la tira de papel con el lápiz.
3. Con la afirmación en mente, piensa en una imagen que la represente.
4. Pinta esta imagen en el bote de vidrio.
5. Cuando la pintura se haya secado, mete la tira de papel que contiene la afirmación en el bote y cierra este con la tapa.
6. Pon tu obra en un sitio en el que vayas a verla a diario.

Capítulo 2

Preguntas de exploración:

- ¿Qué relación tiene con tu vida la afirmación que has elegido?
- ¿Con qué otras afirmaciones puedes trabajar?

En un entorno grupal: cada persona determina su propio mensaje relacionado con una dificultad con la que esté lidiando. Los participantes pueden ayudarse entre sí a elegir afirmaciones o darse ideas. Cuando la imagen esté terminada, cada miembro puede explicar su obra.

Retrato de familia

BENEFICIOS:

Mejora la comprensión de las dinámicas familiares en relación con los problemas emocionales

Tiempo de preparación:

5 minutos

Duración del ejercicio:

45 minutos

MATERIALES:

1 lápiz

1 hoja de papel grueso de dibujo de 18 x 24 pulgadas

Lápices de colores

Pasteles al óleo

Las experiencias de la infancia pueden tener un gran papel en las relaciones que tenemos hoy. Examinar las relaciones que tuvimos en esa etapa puede ayudarnos a identificar cuestiones emocionales que puedan estar creándonos dificultades. En este ejercicio explorarás las dinámicas emocionales que se dieron con cada uno de los miembros de tu familia; también la manera en que estos familiares influyeron en tu crianza.

PASOS:

1. Dedica cinco minutos a reflexionar sobre qué miembros de tu familia han sido importantes en tu vida. Determina cuáles de ellos, si es que hubo alguno, han sido esenciales en tu trayectoria.

2. Dibuja estos familiares en la hoja de papel con el lápiz. Inclúyete en el dibujo.

3. Colorea tu obra con los lápices de colores y los pasteles al óleo.

Preguntas de exploración:

- La persona que está más cerca de ti en el retrato ¿es aquella con la que sientes mayor cercanía emocional?
- ¿Cómo ha moldeado a la persona que eres hoy la presencia o la ausencia de cada uno de estos familiares?
- ¿Te gustaría tener una relación más estrecha con alguno de ellos?

Mandala

BENEFICIOS:

Mejora la cohesión grupal y la comunicación, alivia el estrés y aumenta las habilidades meditativas

Duración del ejercicio:

1 hora

MATERIALES:

1 lápiz

1 hoja grande de papel de carnicero

Tijeras

Pintura acrílica

1 pincel

Vaso con agua

Mandala significa 'círculo' en sánscrito. El mandala es utilizado en varias tradiciones orientales como herramienta de meditación. La meditación es el acto mismo de crear el mandala. Los mandalas incluyen formas y símbolos creados intuitivamente. En muchos mandalas hay un patrón de formas repetitivo que da lugar a un diseño coherente. La intención de este ejercicio es que te relajes a través del proceso de hacer una pieza de arte. Se ha comprobado que cuarenta y cinco minutos de labor artística se correlacionan directamente con un descenso del nivel de cortisol, la hormona del estrés.

PASOS:

1. Con el lápiz, dibuja un círculo grande en la hoja de papel de carnicero. A continuación, recorta el círculo.
2. Siéntate en una postura cómoda y coloca la pintura y el pincel delante de ti.
3. Hay un ejercicio de meditación sencillo para que te ayude a relajarte y concentrarte. Por ejemplo, inspira mientras cuentas hasta cuatro, mantén el aire mientras cuentas hasta cuatro y espira mientras cuentas hasta seis. Hazlo tres veces.
4. Pinta patrones repetidos dentro del círculo.

Preguntas de exploración:

- ¿Has podido alcanzar un estado meditativo profundo mientras hacías este ejercicio?
- ¿Qué historia hay detrás de tu obra?
- ¿Por qué has elegido esos colores?

En un entorno grupal: sentados en círculo alrededor del papel de carnicero, los participantes trabajarán juntos para crear los patrones del mandala. Si no es posible que los miembros del grupo se sienten juntos, divide el círculo de papel en partes iguales, tantas como participantes. Pídeles que trabajen en silencio. Cuando todos hayan terminado, indícales que junten las piezas para volver a componer el círculo. Este trabajo conjunto fomentará la cohesión grupal y un ambiente relajante.

Escudo de fuerza

BENEFICIOS:

Se identifican los puntos fuertes personales

Duración del ejercicio:

50 minutos

MATERIALES:

1 lápiz

1 hoja de papel grueso de dibujo de 18 x 24 pulgadas

Tijeras

Lápices de colores

Pasteles al óleo

Los escudos son conocidos por su simbolismo protector y su fuerza. Están hechos con metales pesados y en otros tiempos protegían a los soldados en la batalla. Sus blasones únicos indicaban a quién estaban salvaguardando. En este ejercicio, crearás tu propio escudo de fuerza. Procura que el diseño que hagas represente, para ti, una fuerza protectora que pueda empoderarte en los períodos turbulentos. Piensa en tus propios puntos fuertes y en cómo te protegen. ¿Tal vez eres una persona creativa y utilizas tu creatividad como recurso de afrontamiento?

PASOS:

1. Dibuja un escudo en el papel. Si necesitas ayuda, busca una forma de escudo en Internet y delinéala en la hoja.
2. Recorta el escudo.
3. Con el lápiz, divídelo en cuatro partes iguales.
4. Identifica cuatro de tus puntos fuertes y escribe cada uno de ellos en una parte diferente del escudo.
5. Colorea la obra con los lápices de colores y los pasteles al óleo. Intenta utilizar solamente colores que asocies con la fuerza.

Preguntas de exploración:

- ¿Te proteges de los demás? ¿De qué maneras?
- ¿Cómo puedes usar tus puntos fuertes para conectar más con quienes te rodean?

Tabla de sentimientos y emociones

Cada una de tus emociones guarda relación con determinadas experiencias. En este ejercicio dibujarás estas experiencias. Ello te dará la oportunidad de reflexionar sobre la última vez que experimentaste cada emoción o sentimiento. He tenido clientes a quienes les ha costado recordar la última vez que experimentaron verdaderos sentimientos de felicidad. Es importante que nutras tu mundo interior y que te permitas apreciar y disfrutar la vida.

PASOS:

1. Corta la hoja de papel en ocho cuadrados iguales.

2. Escribe con el bolígrafo un sentimiento o emoción en cada cuadrado. Por ejemplo, alegría, frustración, odio, amor, ansiedad, tristeza, aburrimiento, expectación.

3. Con los lápices de colores o los pasteles al óleo, dibuja en cada cuadrado una imagen o una escena representativas de la última vez que experimentaste ese sentimiento o esa emoción.

Preguntas de exploración:

* Mira cada uno de los sentimientos y emociones. ¿Qué cuadrados contienen más detalles, a cuáles has dedicado más atención?
* ¿Cuáles de esos sentimientos y emociones quieres experimentar en mayor medida?
* ¿Qué puedes hacer hoy mismo para fomentar estas experiencias?

El huerto-jardín (visualización guiada)

BENEFICIOS:

Mejora la capacidad de resolver problemas y las habilidades de afrontamiento

Duración del ejercicio:

55 minutos

MATERIALES:

2 hojas de papel grueso de dibujo de 18 x 24 pulgadas

1 lápiz

Pasteles al óleo

Una visualización guiada es una técnica en la que imaginamos una escena y después la dibujamos. Si te sientes a gusto haciéndolo, puedes cerrar los ojos para imaginar las escenas. En este ejercicio, vas a visualizar y dibujar un recorrido compuesto por cuatro escenas. Esta es una técnica que se utiliza para identificar habilidades de afrontamiento y deseos actuales. Cada una de las cuatro tareas está orientada a determinar cómo respondes frente a las dificultades y cómo resuelves los problemas.

PASOS:

1. Dobla por la mitad las dos hojas de papel y numera cada una de las mitades del uno al cuatro.

2. Siéntate en una postura cómoda y coloca los materiales delante de ti.

3. Imagina que estás solo y que te has reservado el día para ir de excursión. Esperas con ilusión emprender tu aventura. Preparas la mochila y te diriges a un extenso campo verde. Caminando a través del campo llegas hasta una hermosa valla en la que hay una puerta de reja. En ella hay un letrero que pone: «Bienvenido». Intentas abrir la puerta, pero está atascada.

4. ¿Cómo logras pasar por la puerta? Dibuja tu respuesta en la página uno.

5. ¡Felicidades! Has pasado por la puerta de reja. Al otro lado hay un huerto-jardín exuberante. Te tomas tu tiempo para oler las flores y probar alguna fruta. ¡Están riquísimas! Mientras avanzas por el sendero, una criatura enorme aparece delante de ti. ¿Qué haces? Dibuja tu respuesta en la página dos.

6. ¡Enhorabuena! Has superado esta dificultad. A medida que avanzas, el sendero se adentra en un bosque denso. De pronto te das cuenta de que llevas mucho tiempo de excursión, ya que el sol comienza a ponerse y el cielo a oscurecerse. Es demasiado tarde para regresar, por lo que decides que vas a pasar la noche en el bosque. Ves una bonita cabaña de madera, de pequeño tamaño, delante de ti. Mientras te diriges hacia ella, aparece un ser. ¿Qué haces? Dibuja la respuesta en la página tres.

7. ¡Felicidades! El ser te da permiso para usar su cabaña y acto seguido desaparece. La cabaña es un espacio pintoresco en el que hay todo lo que puedas necesitar. Te instalas para pasar la noche y, al cerrar los ojos, oyes un ruido dentro de la cabaña. ¡No estás solo! ¿Qué otro ser hay ahí? Dibuja tu respuesta en la página cuatro.

8. Lee la historia en voz alta, como si te estuvieses contando toda la aventura a ti mismo o como si se la estuvieses contando a un compañero o un terapeuta.

Preguntas de exploración:

- En el primer dibujo se te indicó que abrieses una puerta de reja. ¿Cómo lo hiciste para pasar al otro lado?
- En el segundo dibujo hay una criatura delante de ti. ¿Cómo respondiste? ¿Usaste la fuerza, hiciste un trato o echaste a correr?
- Identifica a quién o qué viste en los dibujos tercero y cuarto. ¿Cuáles fueron tus reacciones? Las personas o los seres que viste simbolizan tu mente inconsciente.
- Puedes servirte de la tabla que sigue para determinar si tus actos fueron pasivos, asertivos o agresivos. ¿Te gustan las maneras en que respondiste? En caso de que no, tienes el poder de efectuar un cambio.

PASIVOS	ASERTIVOS	AGRESIVOS
Huir	Dar algo	Emplear la fuerza
Quedarte paralizado	Interactuar (hablar)	Golpear, empujar, asustar, matar

Estrés en el cuerpo

El estrés es el estado de tensión mental o emocional resultante de unas circunstancias exigentes. Muchas personas viven su vida diaria en este estado de malestar. El estrés depositado en el cuerpo puede manifestarse como dolor físico. En este ejercicio, verás qué aspecto tiene con el fin de que ello te ayude a descubrir su causa. El estrés puede estar concentrado en una zona concreta del cuerpo o puede encontrarse en varias zonas. Mis clientes con estrés han podido identificar dónde lo alojaban y la causa del mismo; a continuación han tomado medidas para aliviarlo.

PASOS:

1. Dibuja el contorno de tu cuerpo en la hoja de papel, con la cabeza, el torso, los brazos y las piernas.
2. Dibuja el estrés que aloja tu cuerpo. Considera qué forma y tamaño tiene tu estrés y dónde se encuentra.
3. Colorea tu obra con las pinturas. Elige colores llamativos para resaltar con ellos la presencia del estrés.

Preguntas de exploración:

- ¿En qué parte o partes de tu cuerpo has encontrado estrés?
- ¿Cuánto tiempo hace que experimentas estrés en ciertas zonas del cuerpo?
- ¿Has intentado ocuparte de este estrés con anterioridad?
- ¿Cómo podrías eliminar ese estrés? Por ejemplo, ¿podría un masaje aliviar el estrés que se acumula en tu espalda?

Poner límites, no muros

BENEFICIOS:

Impulsa el desarrollo de las habilidades de afrontamiento y ayuda a regular las emociones

Tiempo de preparación:

30 minutos

Duración del ejercicio:

30 minutos

MATERIALES:

Rotuladores de colores

1 hoja de papel grueso de dibujo de 18 x 24 pulgadas

Papeles impresos variados (de periódico, papel para envolver, papel decorado)

Tijeras

Pegamento

A veces es difícil saber cuándo es oportuno expresar los propios sentimientos a los demás. En cualquier caso, puedes aprender a satisfacer tus necesidades sin agobiar a tus familiares, tus compañeros de trabajo o tus amigos. Si tenemos claro a qué estamos dispuestos y a qué no, podremos poner unos límites saludables. Por ejemplo, es posible que no quieras hablar de tu vida personal con un compañero de trabajo o con un amigo al que conoces de hace poco. Es importante que contemples tus necesidades en el contexto de cada relación. ¿Cómo son tus defensas?

PASOS:

1. Dedica treinta minutos a identificar los límites dentro de los cuales te sientes a gusto con las personas que hay en tu vida en los aspectos físico, emocional y espiritual.
2. Date permiso para decir *no*.
3. Con los rotuladores, dibújate en la parte central de la hoja de papel.
4. Pega los papeles impresos alrededor de tu figura para crear una pared limítrofe saludable.
5. Identifica una persona a la que tengas que poner límites y dibújala al otro lado de esta pared limítrofe.

Preguntas de exploración:

- ¿Has puesto alguna pared o algún muro entre tú y tus amigos y tus compañeros de trabajo? ¿Y entre tú y tu pareja o tus hijos? ¿Hay algún muro que te esté impidiendo recibir nutrición emocional?

- ¿Cómo son de grandes tus paredes o tus muros? ¿Has puesto unos muros tan altos que no hay nadie que pueda acceder a ti?

- ¿Cómo puedes establecer unos límites saludables, que se correspondan con tu sentir? ¿Hay algo en tu vida a lo que te gustaría decir *no*?

Capítulo 3

ARTE DIGITAL Y FOTOGRAFÍA

El arte digital y las imágenes fotográficas pueden evocar recuerdos, impulsarnos a narrar historias sobre nuestra vida y motivarnos a implicarnos en el proceso de sanación psicológica. El proceso de observar y elegir imágenes te ayudará a responsabilizarte de tu estado psicológico. Este estado psicológico podría haber resultado dañado como consecuencia de alguna experiencia traumática, como la muerte inesperada de un ser querido, el abuso, la violencia intrafamiliar, una guerra, un atentado terrorista, un desastre natural o una enfermedad crónica. Algunas de las modalidades de sanación que se abordan en este capítulo son la narración digital, la fototerapia* y los álbumes de recuerdos.

---

* N. del T.: *Fototerapia*: utilización de fotografías personales, álbumes de fotos familiares y fotos tomadas por otras personas para evocar en el paciente recuerdos e informaciones con finalidades terapéuticas. No hay que confundir esta acepción con la «oficial» para el término *fototerapia*: tratamiento de ciertas enfermedades por medio de la acción de la luz ultravioleta.

Autorretrato a partir de fotografías

BENEFICIOS:

Potencia la
autorreflexión y la
autoconciencia

**Duración del
ejercicio:**

1 hora

MATERIALES:

1 foto tuya

1 hoja de papel
grueso de dibujo de
18 x 24 pulgadas*

Mod Podge®**

Pintura acrílica

Pinceles

Vaso con agua

La vieja pregunta «¿quién soy?» nos viene a la mente cuando trabajamos en un autorretrato. Una imagen de nosotros mismos puede ser reveladora y proporcionarnos mucha información. Nuestro verdadero yo se manifiesta cuando hacemos nuestro autorretrato. Los detalles que incluimos y los colores que elegimos son una extensión de nosotros mismos. Antes de comenzar, pregúntate cómo te gustaría que te recordasen y cómo crees que te ven los demás. Y ten también en cuenta tus mejores cualidades.

---

* N. del T.: Ver nota en la página 31.
** N. del T.: Ver nota en la página 28.

PASOS:

1. Elige una imagen tuya del pasado o del presente. Haz una fotocopia de esta imagen, en blanco y negro o en color.
2. Aplica una capa de Mod Podge® a la hoja de papel.
3. Pon tu imagen sobre el Mod Podge® y después aplica una capa de este mismo producto sobre la foto. Deja que se seque durante veinte minutos.
4. Con la pintura, añade color y expresión emocional a la imagen.

Preguntas de exploración:

* ¿Cómo has usado la pintura para añadir expresión emocional?
* ¿Crees que tu obra representa la persona que eres ahora o representa tu yo ideal?

Ser visto

BENEFICIOS:

Mejora la
capacidad de
resolver problemas
y potencia la
autoestima y la
autorreflexión

**Tiempo de
preparación:**

10 minutos

**Duración del
ejercicio:**

50 minutos

MATERIALES:

Papel

Bolígrafo

Cámara digital

Esta actividad consiste en crear una versión de ti mismo que represente cómo te gustaría que te viesen. Tiene que ver con la manifestación de tu yo ideal. ¿Cómo quieres sentirte? En este ejercicio crearás este sentimiento y después lo convertirás en algo visual. Al dar los pasos que te llevarán a plasmar el sentimiento como una imagen, lo manifestarás en la vida real. No te reprimas en absoluto: si quieres libertad en tu vida, ¿qué podría aportarte sensación de libertad? ¿Tal vez conducir un coche de lujo? ¡Podrías ir a un concesionario a dar una vuelta de prueba con un coche así y hacer un reportaje fotográfico! La imaginación no tiene límites, así que ¡sueña a lo grande!

PASOS:

1. Dedica diez minutos a decidir cómo quieres que te vean.
2. Haz una lista de palabras que expresen cómo te sentirás cuando ofrezcas esta imagen.
3. Escribe ideas de actividades divertidas que puedes realizar para experimentar este sentimiento o emoción en la vida real.
4. Tómate fotos haciendo estas actividades.

Preguntas de exploración:

* ¿Cómo te hace sentir el hecho de ver tu sueño en una fotografía?
* ¿Qué más puedes hacer para manifestar tu yo ideal?

Capítulo 3

Pequeña película mental

BENEFICIOS:

Se identifican puntos fuertes, se imaginan experiencias positivas y se manifiestan sucesos futuros

Tiempo de preparación:

10 minutos

Duración del ejercicio:

50 minutos

MATERIALES:

Ordenador

Programa PowerPoint

Una película mental (más conocida por la denominación en inglés, *mind movie*) es una instantánea de la vida que deseas.* Te permite ver la vida que quieres en el presente, como si ya la tuvieras. Piensa en sucesos positivos de tu vida actual que te hayan aportado alegría. ¿Y si pudieses manifestar unas experiencias similares? Es importante que mires tu película mental a diario para impregnarte de buenas emociones y tener cada vez más claro qué quieres de la vida.

PASOS:

1. Tómate diez minutos para hacer una lluvia de ideas sobre lo que quieres de la vida.
2. Escribe uno de tus deseos en una diapositiva de una presentación de Power-Point.
3. Encuentra una imagen que se corresponda con este deseo y ponla en la diapositiva siguiente.
4. Repite el proceso para crear varias diapositivas con tus deseos e imágenes. Puedes utilizar imágenes sacadas de Internet y también de tu propia vida.
5. Podrías añadir tu canción favorita a la presentación.

---

* N. del T.: Más concretamente, una *mind movie* es una sucesión de imágenes combinadas con afirmaciones y acompañadas de música, dispuestas en formato película, a modo de representación visual de lo deseado.

6. Mira tu presentación en modo de reproducción automática una vez al día.

Preguntas de exploración:

* ¿Cómo te hace sentir soñar a lo grande?
* El primer paso para manifestar un deseo es tener una visión.
¿Cómo te has sentido al ver sucesos positivos en tu vida?

Tablero de estado de ánimo en Pinterest

La plataforma Pinterest nos permite crear una diversidad de tableros de estado de ánimo (*mood boards*) y verlos todos juntos. Puedes buscar por imágenes acordes a cada una de tus emociones. Tuve una clienta que creaba varios tableros cada semana. Le gustaba registrar cosas que la inspiraban y enviarme los tableros para que los viese. Así podíamos ver lo que estaba sucediendo en su vida, sin materiales de por medio que después hubiese que limpiar.

PASOS:

1. Desde un navegador de Internet, ve a Pinterest.com. Si lo prefieres, hay una aplicación de Pinterest disponible para teléfonos inteligentes.
2. Regístrate o inicia la sesión.
3. Crea un tablero y titúlalo «Tablero de estado de ánimo».
4. Busca en el sitio web objetos, lugares, colores e imágenes que resuenen con tu estado de ánimo actual e incorpóralos al tablero.

Preguntas de exploración:

* Mientras añadías contenidos a tu tablero, ¿surgió un tema? ¿Cuál?
* ¿Te dispersaste y comenzaste a buscar en otros sitios web o blogs?
* ¿Encontraste otras imágenes que quisiste guardar? Puedes guardarlas para cuando quieras utilizarlas.

Afirmaciones positivas

BENEFICIOS:

Potencia la
autoestima y
un cambio de
mentalidad;
combate las
creencias
limitantes

**Duración del
ejercicio:**

1 hora

MATERIALES:

Papel

Lápiz

Teléfono
inteligente

¡El hecho de crear una afirmación positiva es empoderador! Las afirmaciones pueden proporcionarnos apoyo o aliento emocional cuando lo necesitamos. Me gusta tener afirmaciones positivas en el teléfono como recordatorios diarios del poder que tengo para cambiar. Crear una imagen digital asociada a la afirmación hace que tenga un impacto aún mayor. En algunos casos, podemos cambiar una situación problemática en el plano físico, y en otros, tal vez tengamos que efectuar un cambio mental, es decir, cambiar nuestra perspectiva. Quizá tendrás que probar con ambas soluciones para ver cuál es la más apropiada para una situación dada.

PASOS:

1. Escribe en el papel una dificultad que te esté afectando actualmente.
2. Escribe entre tres y cinco soluciones positivas junto a la dificultad.
3. Crea una afirmación que se corresponda con la solución que elijas.
4. Con el teléfono, haz una foto inspirada por tu solución positiva.
5. Añade la afirmación a la imagen utilizando el editor del teléfono (añade texto o juega con la luz).
6. Guarda tu obra como salvapantallas en tu teléfono o tu ordenador.

Preguntas de exploración:

* ¿Cómo puedes utilizar esta afirmación a lo largo del día?
* ¿Cómo te has sentido después de encontrar una solución positiva y proactiva para tu problema?

Capítulo 3

Tres autorretratos

BENEFICIOS:

Potencia la autorreflexión y la expresión creativa

Duración del ejercicio:

1 hora

MATERIAL:

Cámara de fotos

Los autorretratos reflejan cómo nos vemos a nosotros mismos y nos dan una idea de cómo nos perciben los demás. Crear tres autorretratos a la vez puede ser transformador, porque nos permite ver aspectos diferentes de nosotros mismos en el mismo momento. Para este ejercicio puedes utilizar partes de tu cuerpo o la imagen del cuerpo entero. Puedes tener en cuenta tus rasgos físicos y crear imágenes con contenido emocional a través del lenguaje corporal.

PASOS:

1. Haz una foto de cómo te ves a ti mismo.
2. Haz una foto de cómo crees que te ven los demás.
3. Haz una foto de cómo te gustaría que te viesen los demás.

Preguntas de exploración:

- ¿Qué retrato te ha resultado más fácil de crear? ¿Cuál te ha costado más?
- ¿Ves similitudes entre los retratos?
- ¿Qué diferencias hay entre los tres?

Álbum de recuerdos tradicional

BENEFICIOS:

Se examinan recuerdos y relaciones para ayudar a comprender mejor las dinámicas familiares

Tiempo de preparación:

10 minutos

Duración del ejercicio:

50 minutos

MATERIALES:

Álbumes de recuerdos o álbumes de fotos del pasado

Imágenes impresas del tiempo presente

Álbum de recuerdos en blanco

Objetos de recuerdo (entradas a eventos, recetas, notas tomadas en cuadernos, cartas de amor, fotografías, flores prensadas, etc.)

Los álbumes de recuerdos nos dan la oportunidad de examinar las dinámicas familiares a lo largo del tiempo. Mirar el lenguaje corporal que muestran las imágenes puede permitirnos conocer mejor el papel que tuvieron ciertas personas en nuestra vida. Puedes examinar relaciones que fueron significativas para ti, abastecer el relato de tu historia y dejar espacio para los recuerdos correspondientes a situaciones que aún no has vivido.

PASOS:

1. Reúne álbumes de recuerdos y álbumes de fotos. Si tus imágenes son digitales, imprímelas sobre papel.

2. Examina cada fotografía y piensa en la relación que tenías con las personas que aparecen en ellas.

3. Mira las imágenes más recientes. Imprime aquellas que sean representativas de un momento importante o de personas relevantes en tu vida.

4. Pon estas imágenes del presente en tu nuevo álbum de recuerdos.

5. Para que tu álbum tenga un carácter más personal, puedes incorporar objetos que te evoquen recuerdos significativos.

Capítulo 3

Preguntas de exploración:

* ¿Cómo han influido tu familia y la herencia cultural que has recibido en la persona que eres hoy?
* ¿Hacia dónde te diriges?

En un entorno grupal: si estás en un grupo, seguid los pasos anteriores y a continuación hablad de las tradiciones de vuestras respectivas familias y de la herencia cultural que habéis recibido de ellas.

Álbum de recuerdos digital

Un álbum de recuerdos digital te permite organizar electrónicamente tus fotografías. Te permite unir los acontecimientos de tu vida en un relato e identificar tus sistemas de apoyo. Puedes incluir canciones favoritas, mensajes, tradiciones e incluso recetas que sean importantes para tu familia. También puedes incluir un videomensaje para alguien en caso de que quieras compartir esta recopilación. Los álbumes de recuerdos digitales se pueden guardar en una ubicación central que se puede compartir con personas importantes para nosotros. Y lo mejor que tiene es que no ocupa mucho espacio más allá del que ocupe en una memoria USB o un disco duro.

PASOS:

1. Identifica entre cinco y diez imágenes personales de tu pasado y tu presente. Asegúrate de incluir varias en las que estés tú con otras personas.
2. Visita un sitio web en el que puedas crear un álbum de fotos digital. Te recomiendo Ancestry.com.
3. Cuando hayas creado un perfil en el sitio web que hayas elegido, sube tus imágenes.
4. Organiza cronológicamente las imágenes que has subido.

5. Puedes hacer este ejercicio de una vez o a lo largo del tiempo, según prefieras.

Preguntas de exploración:

* ¿Qué relaciones interpersonales están representadas en las fotografías que has elegido?
* ¿Por qué has elegido compartir estas relaciones en tu álbum de fotos?
* ¿Qué significan estas relaciones para ti?
* ¿Hay períodos de tiempo que fueron especialmente significativos para ti?

Alteración de imágenes

BENEFICIOS:

Alivia el estrés y mejora las habilidades para la toma de decisiones

Tiempo de preparación:

10 minutos

Duración del ejercicio:

50 minutos

MATERIALES:

Programa informático o aplicación de alteración de imágenes

Ordenador

Impresora (opcional)

La alteración de imágenes nos permite transformar imágenes existentes y utilizar nuestras habilidades para la toma de decisiones. Hay un millón de maneras de cambiar una imagen, y tienes el poder de elegir qué resultado quieres obtener. En este proceso no hay decisiones buenas ni malas; haz lo que te parezca bien.

PASOS:

1. Tómate diez minutos para elegir una foto favorita.
2. Abre o descárgate una aplicación de alteración de imágenes (hay programas que pueden descargarse gratuitamente en Internet).
3. Añade aspectos artísticos, textos, texturas y filtros para transformar tu fotografía. Si en el proceso de alterar la imagen no te gusta el resultado que estás obteniendo, siempre puedes recuperar la imagen original.
4. Guarda tu trabajo.
5. Imprime la imagen, si quieres.

Preguntas de exploración:

- ¿Por qué es importante para ti esta imagen?
- ¿En qué ha mejorado la imagen el hecho de alterarla?

La tristeza en imágenes

Hay varios grados de tristeza. Se puede estar bajo de ánimo, muy infeliz o abatido. Hacer fotos es una manera de levantar el ánimo. Nos ayuda a bajar el ritmo. Nos obliga a tomarnos tiempo para nosotros mismos y a descubrir nuestro mundo. Puedes servirte de la fotografía para documentar los diversos grados de los sentimientos de depresión.

PASOS:

1. Tómate diez minutos, como mínimo, para pensar en las distintas manifestaciones del sentimiento de tristeza.
2. Escribe en el papel todas las que te hayan venido a la mente.
3. Sal de casa y haz fotos de las diferentes variantes de la depresión.

Preguntas de exploración:

* ¿Te acompañará alguien a hacer las fotos?
* ¿Qué grados de depresión muestran las fotos?
* ¿Te identificas con alguna de las imágenes en este momento?

Paseo terapéutico con toma de fotos en la naturaleza

BENEFICIOS:

Se identifican emociones y se alivia el estrés

Duración del ejercicio:

1 hora

~~~~~~

MATERIALES:

Cámara de fotos

Impresora (opcional)

Tomarnos tiempo para caminar en la naturaleza puede ser relajante, y esto puede ayudarnos a ser más conscientes y estar más presentes momento a momento. En este ejercicio practicarás la atención plena enfocándote en tu respiración y en los pasos que das. Tomarte tiempo para bajar el ritmo y trabajar conscientemente para estar atento al entorno inmediato te ayudará a aliviar el estrés y a identificar emociones.

PASOS:

1. Ve a dar un paseo de treinta minutos en la naturaleza. Camina despacio y presta atención a los detalles del entorno. Oblígate a examinar todo lo que ves de una manera más exhaustiva que nunca.

2. Mientras caminas, presta atención a la respiración. Haz respiraciones lentas y profundas y siente cómo el aire llena tus pulmones.

3. Mientras sigues caminando, centra la atención en el entorno y trabaja para aquietar la mente. Cuando te vengan a la cabeza pensamientos que tengan que ver con el día a día (por ejemplo, pensamientos sobre lo que tendrás que hacer al día siguiente), deja que estos pensamientos vengan y después se vayan.

4. Busca elementos que tengan un interés visual para ti.
5. Si ves algo hermoso o que te despierte una emoción, hazle una foto.
6. Durante el paseo, toma fotos de todo aquello que te evoque algún sentimiento.
7. Pon un nombre a cada una de las fotos.
8. Si dispones de impresora, tal vez querrás imprimir algunas de las imágenes para que te recuerden las emociones que sentiste en el momento. Por ejemplo, si sacaste una foto de un lago porque lo encontraste relajante, podrías dejar una copia de esta foto en un cajón de tu escritorio para mirarla cuando te sientas estresado.

Preguntas de exploración:

* Cuando llegues a casa, mira las fotos. ¿Sientes las emociones que experimentaste en el momento de tomarlas?
* ¿Han cambiado tus emociones desde el momento en que hiciste las fotos?

Fotos artísticas con relato

La depresión y la ansiedad son experiencias muy personales, y puede ser difícil hablar de ellas. Para sanar, es importante que trabajes con tus pensamientos y sentimientos para que puedas desmontar los factores que dan lugar al dolor. Encontrar una imagen que represente tu ansiedad o tu depresión puede ser un primer paso hacia la expresión de tu verdadero yo.

PASOS:

1. Ve afuera y busca un objeto o una escena representativos de cómo te sientes en estos momentos.

2. Saca unas cuantas fotos de este objeto o esta escena.

3. Pon un nombre a cada una de tus fotografías.

4. Imprime las fotografías (opcional).

5. Siéntate y escribe en el papel un relato sobre tus fotografías y sobre las emociones que te han suscitado.

Capítulo 3

Preguntas de exploración:

- Mira las imágenes desde la perspectiva de otra persona que las está viendo por primera vez. ¿Ves en ellas algo nuevo, que no hayas visto antes?

- ¿A quién te gustaría mostrarle las fotografías? (Si piensas en varias personas, elige una). ¿Por qué has elegido a esta persona?

- ¿Qué reflejan los títulos que has elegido en cuanto a las emociones que experimentaste al hacer las fotos?

- ¿Cuánto espacio hay entre el objeto y el fondo en las fotografías? ¿Hay más de un objeto protagonista?

Imágenes sobre el pasado, el presente y el futuro

BENEFICIOS:

Se identifican sentimientos y emociones, se incrementa la autoconciencia y se impulsa el desarrollo de las habilidades relativas a la toma de decisiones y a la introspección

Duración del ejercicio:

1 hora

MATERIALES:

1 hoja de papel grueso de dibujo de 18 x 24 pulgadas

1 lápiz

Fotografías

Pegamento

Revistas

Tijeras

Este ejercicio te guía en el proceso de explorar tu historia trabajando con algunas de tus imágenes personales. Pueden ser imágenes que tengan que ver con tu infancia, tu familia, tus relaciones, tu trabajo, tus actividades de ocio o cualquier otro ámbito que te interese. Al esbozar tu historia sobre el papel, tu visión del pasado puede cambiar y pueden surgir emociones inesperadas. Trabajar con estas reacciones puede ayudarte a ser más consciente de ti mismo y a tomar tus decisiones futuras.

PASOS:

1. Dibuja dos círculos superpuestos (como un diagrama de Venn) sobre el papel, de tal manera que se creen tres secciones.

2. Empezando desde la izquierda, pon los títulos PASADO, PRESENTE y FUTURO a estas secciones.

3. Pega fotografías de tu pasado en la primera sección. (Si no quieres pegar las imágenes originales, puedes usar copias de ellas).

4. Pega fotos recientes en la sección del presente.

5. Recorta imágenes de revistas que representen el futuro que quieres manifestar.

6. Pega las imágenes representativas del futuro en la sección de la derecha.

Preguntas de exploración:

* ¿Has podido encontrar conexiones significativas entre varios períodos de tu vida?
* ¿Te han embargado emociones fuertes en algún momento mientras hacías esta obra? ¿Cuáles?

En un entorno grupal: todos los miembros del grupo muestran su obra y hablan de su pasado, su experiencia actual y lo que planean manifestar.

Grados de ansiedad

BENEFICIOS:

Alivia el estrés, ayuda a regular las emociones y potencia las habilidades de afrontamiento

Duración del ejercicio:

1 hora

MATERIALES:

Cámara de fotos

La ansiedad es una respuesta natural al estrés. La ansiedad leve conlleva una sensación de malestar en el estómago y una pequeña aceleración del pulso. En la ansiedad moderada, ponemos toda la atención en la situación que nos hace sentir ansiedad; ignoramos todo lo demás que hay a nuestro alrededor. En la ansiedad grave se dan episodios repetidos de sensaciones repentinas de un estrés y un terror intensos que alcanzan el punto máximo en cuestión de minutos (ataques de pánico). Puede haber una sensación de fatalidad inminente, dificultad para respirar, dolor en el pecho o palpitaciones. Si exploras estos grados de ansiedad podrás aprender a comprender este estado y tomar medidas para lidiar con él de una manera constructiva. Utiliza imágenes que sean significativas para ti y que puedas vincular a los grados de ansiedad que experimentas.

Capítulo 3

PASOS:

1. Saca una foto de una imagen que represente la ansiedad leve (por ejemplo, beber demasiado café).
2. Saca una foto de una imagen que represente la ansiedad moderada (por ejemplo, llegar tarde a una cita).
3. Saca una foto de una imagen que represente la ansiedad grave (por ejemplo, quedar atrapado en un ascensor).

Preguntas de exploración:

* ¿Qué diferencias hay entre tus fotografías?
* ¿Qué similitudes presentan?
* ¿Qué puedes hacer para evitar experimentar ansiedad en el futuro?

Collage de fotografías

BENEFICIOS:

Alivia el estrés
e incrementa la
autoestima y la
autoconciencia

**Tiempo de
preparación:**

10 minutos

**Duración del
ejercicio:**

50 minutos

MATERIALES:

Fotografías
digitales obtenidas
de tu teléfono o tu
ordenador

Impresora

1 cartulina gruesa

Pegamento

Hacer un *collage* de fotos es una manera de combinar muchas experiencias positivas y potentes en una imagen. Puedes elegir imágenes que sean importantes para ti y disponerlas con criterio estético. Puedes incluir imágenes de paseos en la naturaleza, fotos de amigos o cosas que te interesen, o imágenes que encuentres en Internet. Hacer *collages* de fotos incrementa la autoestima y la autoconciencia. A muchos de mis clientes les gusta hacer *collages* con imágenes de experiencias positivas y conservarlos como recuerdo.

PASOS:

1. Reúne las fotos. Obsérvalas y elige unas cuantas que representen un tema de tu interés, una de tus obras de arte favoritas, recuerdos positivos y lugares y personas importantes para ti. Imprime las fotos elegidas.

2. Dispón las fotos de una manera que te guste mucho. Pégalas a la cartulina.

3. Cuando hayas acabado de hacer el *collage*, contémplalo como una pieza de arte completa. Reflexiona sobre las emociones positivas que sientas tras hacer la obra.

Capítulo 3

Preguntas de exploración:

- ¿A quién te gustaría enseñarle esta obra? (Si piensas en varias personas, elige una).
- ¿Por qué has elegido a esta persona?

Manipulación de fotografías

BENEFICIOS:

Potencia las
habilidades
relativas a la
resolución de
problemas e
incrementa la
autoconciencia;
se identifican
emociones

**Tiempo de
preparación:**

10 minutos

**Duración del
ejercicio:**

50 minutos

MATERIALES:

Fotografías
digitales obtenidas
de tu teléfono o tu
ordenador

Impresora

Tijeras

1 hoja de papel
grueso de dibujo
de 18 x 24 pulgadas

Pegamento

1 bolígrafo de
pintura

En este ejercicio combinarás dos imágenes. Este proceso te proporcionará fluidez en la toma de decisiones y, a la vez, estimulará tu creatividad para expresar emociones. Una de las manipulaciones de imágenes más interesantes que he visto consistió en que un cliente tomó un autorretrato, recortó su figura y llenó el espacio vacío que quedó en la imagen con arte paisajístico. Lo impactante fue que llenó el espacio abierto con una imagen potente e inesperada.

PASOS:

1. Busca dos imágenes que te gustaría combinar. Por ejemplo, una podría ser un retrato y la otra un paisaje.

2. Imprime ambas imágenes.

3. Recorta las imágenes y pégalas a la hoja de papel para crear una imagen nueva. Con el bolígrafo de pintura, añade efectos a esta imagen que expresen cómo te sientes en ese preciso momento.

Capítulo 3

Preguntas de exploración:

* ¿Qué impresión te dan las dos imágenes combinadas?
* ¿Qué emociones te suscitaron las imágenes por separado? ¿Qué emociones te suscitan ahora que están combinadas?

¿Cuál es tu historia?

BENEFICIOS:

Facilita el procesamiento de experiencias traumáticas y mejora la regulación emocional, la autorreflexión y la capacidad de autoobservación

Duración del ejercicio:

1 hora

〰〰〰

MATERIALES:

Ordenador

Programa PowerPoint

Imágenes sacadas de Internet

El ejercicio de contar nuestra propia historia nos permite examinar el suceso traumático y procesar las emociones asociadas a este. El proceso de examinar la obra nos permite hacer introspección e integrar el trauma entre nuestros recuerdos. Cuando efectúes la introspección, identifícate con tu lado superviviente. El hecho de ser capaz de contar tu historia y ver cómo se desarrolla muestra que eres un(a) superviviente.

PASOS:

1. Empieza con una diapositiva de Power-Point vacía.
2. En ella, comienza a escribir tu historia. Empieza por el período de tu vida anterior a la experiencia traumática. Puedes escribir unos cuantos párrafos o utilizar varios puntos de enumeración.
3. Busca, entre tus fotos personales y en Internet, una imagen que se corresponda con la parte de tu historia previa al trauma y añádela a esta diapositiva. Si no cabe, ponla en la segunda diapositiva.
4. Comienza a escribir un nuevo párrafo en una nueva diapositiva en blanco. Esta vez, escribe sobre el evento traumático.
5. De nuevo, mira imágenes y encuentra una que sea representativa de ese suceso. Añádela a la presentación.

6. Abre una nueva diapositiva en blanco y escribe tu historia actual. ¿Qué hay en el momento presente que te diferencie de la persona que eras en el pasado?

7. Busca imágenes para encontrar una que encaje con tu historia actual e incorpórala a la presentación.

8. Cuando hayas terminado tu obra, mira tu historia en modo de reproducción automática.

Preguntas de exploración:

- ¿Cuáles han sido los primeros pensamientos que has tenido al ver tu historia en el pase de diapositivas?
- ¿Te ha ayudado a obtener una mayor perspectiva sobre tus experiencias vitales el hecho de mirar tu historia?
- ¿Qué lecciones vitales has aprendido de esta experiencia?

Película terapéutica

BENEFICIOS:

Desarrolla la capacidad de introspección y la autoconciencia, y mejora las habilidades de afrontamiento y las relativas a la regulación de las emociones

Tiempo de preparación:

10 minutos

Duración del ejercicio:

50 minutos

MATERIAL:

Dispositivo de grabación de audio y vídeo; por ejemplo, un teléfono inteligente o una tableta

La filmación terapéutica es similar a la filmación tradicional, pero menos complicada. La intención es reflexionar sobre experiencias del pasado y procesar emociones en un esfuerzo por alcanzar un bienestar más saludable. Este proceso puede requerir varias sesiones.

PASOS:

1. Tómate diez minutos para identificar un tema para tu película. Estas son algunas ideas para ayudarte a empezar: ¿quién eres?, ¿de dónde vienes?
2. Haz una lista de ideas de lo que quieres incluir en la película. Piensa en imágenes, audios y textos acordes con el tema elegido.
3. Utiliza tu dispositivo de grabación para documentar tu historia.
4. Guarda la filmación.
5. Mira la película para verla desde otra perspectiva.

Preguntas de exploración:

- ¿Qué has aprendido de ti mismo(a) al verte contando tu historia?
- ¿Qué harías de otra manera, tal vez, si pudieses cambiar el final?

Imágenes de lugares seguros

BENEFICIOS:

Alivia la ansiedad y potencia las habilidades de afrontamiento y las relativas a la toma de decisiones

Duración del ejercicio:

1 hora

MATERIAL:

Cámara de fotos

El trastorno de estrés postraumático (TEPT) deriva de sobrevivir a un suceso traumático. Experiencias amenazadoras como la guerra, el abuso o el abandono dejan huellas que quedan atrapadas en nuestros recuerdos, emociones y experiencias corporales. Cuando se activa, el TEPT da lugar a síntomas como son revivir la experiencia traumática, sensaciones de pánico o ansiedad, susceptibilidad o reactividad emocional, lagunas de memoria y aturdimiento o disociación. Crear espacios seguros por medio de imágenes puede contribuir a aliviar los síntomas de ansiedad relacionados con el TEPT. Busca espacios y lugares para fotografiar que te inspiren seguridad. Ábrete a la posibilidad de crear tu propio espacio, si es necesario. Temas para las fotos pueden ser un amigo, una sala de yoga o una zona tranquila en una habitación.

PASOS:

1. Con la cámara, saca fotos de lugares que te parezcan seguros.
2. Desafíate a crear tú mismo varias imágenes de lugares seguros.

Preguntas de exploración:

* ¿Hay similitudes entre las imágenes que has elegido?
* Si pudieses estar en una de esas imágenes, ¿en cuál te sentirías más a gusto?
* ¿Cómo puedes crear más lugares seguros en tu entorno?

Capítulo 3

Retiro en línea para almas creativas

Duración del ejercicio:

50 minutos

MATERIALES:

Ordenador

Cuaderno de dibujo

Lápiz

El Creative Soul Online Retreat ('retiro en línea «alma creativa»') es un grupo de Facebook seguro y de apoyo en el cual se tiene la oportunidad de aprender sobre el autocuidado. En este grupo, los participantes comparten publicaciones inspiradoras y comentan las obras de los demás. Participar en un grupo es enormemente sanador. Muchos de mis clientes tienen una experiencia positiva en el grupo y experimentan un sentimiento de cohesión y comunidad reconfortante.

PASOS:

1. Hazte miembro del grupo de Facebook Creative Soul Online Retreat en Facebook.com/groups/1668160796774067/. Como verás, soy la administradora.

2. Mira los vídeos centrados en el autocuidado.

3. Visita el sitio web a diario e implícate en los desafíos grupales. Desplazándote por la página puedes ver vídeos y desafíos anteriores.

4. Este es un grupo seguro y de apoyo, así que siéntete libre de subir tu pieza de arte cuando estés preparado.

5. Celebramos encuentros mensuales en línea, en los que creamos arte juntos. Esta es una manera eficaz de trabajar colectivamente para aquellas personas que no lo tienen fácil para participar en actividades grupales.

Preguntas de exploración:

* ¿Has participado en una comunidad en línea con anterioridad?
* ¿Qué fue gratificante y qué fue difícil para ti?
* ¿Cómo puedes cultivar una relación efectiva con este nuevo grupo?
* ¿Cómo piensas interactuar con los otros miembros del grupo para implicarte y ayudar a los demás a implicarse?
* ¿Qué puedes hacer para practicar y mejorar la autorreflexión a través de tu trabajo con este grupo?

Capítulo 3

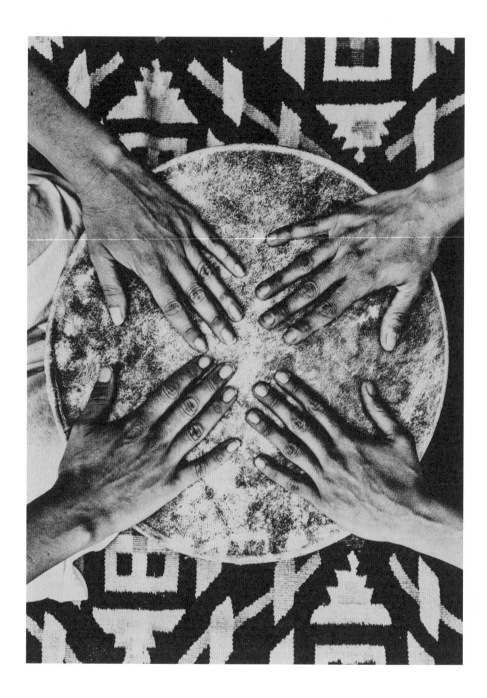

Capítulo 4

ESCULTURAS Y OTRAS MODALIDADES DE ARTE TRIDIMENSIONAL

Las esculturas son piezas de arte tridimensionales que pueden mirarse desde distintos ángulos. Lo mejor que tiene trabajar en tres dimensiones es la participación del tacto en el proceso creativo. En este capítulo utilizarás materiales diversos (arcilla, objetos encontrados, yeso, elementos de la naturaleza...) para conectar con tus emociones.

Escultura de sensaciones

BENEFICIOS:

Reduce el estrés y ayuda a identificar emociones

Duración del ejercicio:

1 hora

MATERIALES:

Arcilla autosecante

Bolsita de plástico para sándwich

Pintura acrílica

Pinceles

Vaso con agua

En este ejercicio lo importante no es la obra creada, sino la práctica de utilizar los sentidos, que en este caso usamos para crear una figura abstracta. Las sensaciones que experimentamos cuando apretamos y pellizcamos la arcilla es una extensión de nuestro estado emocional del momento. El trabajo con la arcilla nos permite expresar de forma concreta lo que estamos sintiendo. Los clientes me dicen que este ejercicio les permite sacar las emociones del interior del cuerpo, lo que les hace sentirse más ligeros.

PASOS:

1. Mete la bola de arcilla en la bolsa de plástico.
2. Cierra los ojos.
3. Pellizca y aprieta la arcilla, que está en la bolsa de plástico. Experimenta las sensaciones que te produce el hecho de mover la arcilla entre los dedos.
4. Abre los ojos y saca la arcilla de la bolsa.
5. Dale forma de escultura. Esta escultura puede tener una forma aleatoria o puedes darle la forma que desees.
6. Deja que la arcilla se seque.
7. Elige un color de pintura que represente tu estado de ánimo.

8. Pinta la escultura con el color que has elegido.

9. Cuando esté totalmente seca, coloca la escultura en un lugar que te permita acceder a ella con facilidad. Utilízala para relajarte haciéndola rodar por tus dedos y manos.

Preguntas de exploración:

* ¿Qué emociones has experimentado mientras hacías la escultura?

* ¿Qué impacto esperas que tenga en ti mientras la utilizas como instrumento de relajación?

* ¿Cómo te sientes después de haber creado esta escultura?

La expresión del hombre de hojalata

Con este ejercicio se trata de hacer una figura con la que expresar nuestra actitud ante la vida. El lenguaje corporal contiene emociones. ¿Estará tu hombre de hojalata acurrucado con los brazos cruzados, erguido con los brazos extendidos o sentado en silencio? Crear una figura relacionada con el lenguaje corporal ha ayudado a mis clientes a ser más conscientes de su postura a lo largo del día. Este ejercicio nos ayuda a tomar más conciencia del mensaje que estamos proyectando a los demás, del mensaje que nos estamos dando a nosotros mismos y de cómo podemos alterar este mensaje adoptando otras posturas. Por ejemplo, si quieres proyectar poder o convencerte de que eres poderoso en cualquier momento, podrías ponerte de pie con las manos en las caderas.

PASOS:

1. Corta tres pedazos de papel de aluminio en rectángulos de 30 x 15 centímetros.
2. Enrolla las piezas cortadas formando tubos.
3. Dobla por la mitad el primer tubo. Estas serán las piernas de tu hombre de hojalata.

4. Acopla el segundo tubo a la parte central del tubo doblado que son las piernas. Este tubo será el torso y la cabeza.
5. Dobla el tercer tubo alrededor del torso, en lo que serán los brazos.
6. Manipula la figura para representar cómo te sientes en este momento.
7. Corta el fieltro y, con la pistola de cola, añade las piezas de fieltro a la figura para que contribuyan a representar tus sentimientos.

Preguntas de exploración:

* ¿Cómo expresa tu hombre de hojalata la sensación que tienes en cuanto a tu lugar en el mundo?
* Si tu hombre de hojalata pudiese hablar, ¿qué diría?

Capítulo 4

Escultura efímera con elementos de la naturaleza

Pasar tiempo en la naturaleza puede aportar una sensación de paz y relajación. A menudo, la naturaleza puede ayudar a calmar o desacelerar la mente. El objetivo de esta «búsqueda de tesoros» es apaciguar la mente y ayudarnos a mirar nuestro entorno de una manera diferente. ¿Puedes recoger un residuo y pensar en cómo podría utilizarse de una manera creativa? Lo que encuentres y lo que hagas con ello es una metáfora de tu vida. Este proceso representa el modo en que puedes hacer algo a partir de nada.

PASOS:

1. Sal a dar un paseo por la naturaleza.
2. Mientras caminas, recoge objetos naturales.
3. Lleva los objetos a casa y extiéndelos. Pégalos con la pistola de cola termofusible para hacer un montaje artístico.

Preguntas de exploración:

- ¿Cómo te sentías cuando estabas buscando los objetos en la naturaleza?
- ¿Ha tenido un efecto relajante el paseo?
- ¿Cómo te has sentido mientras juntabas las piezas?
- Es probable que tu obra no dure mucho, a causa de los materiales empleados. (Este factor es intencionado dentro de la concepción del ejercicio). ¿Cómo te hace sentir el hecho de crear algo que no va a durar mucho?

En un entorno grupal: intentad crear todos juntos una instalación similar a la del ejercicio pero de gran tamaño.

Capítulo 4

Expresión creativa con flores

Mira las flores que hay a tu alrededor, identifica sus patrones y piensa en cómo podrías disponerlas para expresar tu estado de ánimo actual. Este proceso de expresión creativa puede levantar tu ánimo y aliviar las presiones que puedas estar sintiendo. A muchos de mis clientes les gusta tomar una foto de su obra acabada para capturar su belleza durante más de un día.

PASOS:

1. Reúne flores mientras paseas por la naturaleza o cómpralas en una tienda. Si lo prefieres, puedes trabajar con piedras u hojas en lugar de hacerlo con flores.
2. Sácales los pétalos y distribúyelos en pilas de colores diferentes. (O separa las piedras o las hojas en pilas según el color).
3. Organiza los colores con criterio estético.
4. Dedica esta obra a alguien verbalmente.

Preguntas de exploración:

* ¿Cómo te has sentido al conectar con la naturaleza de esta manera?
* ¿Por qué has dedicado justamente a esa persona tu bella creación?

Capítulo 4

Altar personal

BENEFICIOS:

Alivia el estrés
y potencia las
habilidades de
afrontamiento

**Tiempo de
preparación:**

10 minutos

**Duración del
ejercicio:**

50 minutos

MATERIALES:

Elementos
inspiradores (flores
u otros objetos
procedentes de la
naturaleza, velas,
libros, poemas,
letras de canciones,
fotografías,
campanas,
muñecas, cristales,
piezas de arte, etc.)

Un altar es un espacio sagrado personal dedicado al autocuidado, la espiritualidad y la energía positiva. ¿Qué quieres tener en mayor medida en tu vida? ¿Paz, sanación, abundancia, amor, protección? Este altar, que compondrás en el lugar en el que estás viviendo, constituirá un recordatorio físico de que debes cuidar de ti mismo a diario. Este espacio será apropiado para que en él realices aquellas actividades que te aportan paz.

PASOS:

1. Encuentra una ubicación para tu altar (por ejemplo, una mesita de noche o el rincón de una habitación). Debería ser un lugar en el que nadie vaya a perturbar tus elementos o cambiarlos de sitio.
2. Elige al menos un tema para tu altar: paz, abundancia, protección, sanación, inspiración...
3. Elige entre cinco y diez elementos inspiradores clave para el altar.
4. Cuando tengas todo en su lugar, bendice el altar. Declara tus esperanzas expresando tus pensamientos con palabras, ya sea en silencio o en voz alta. Esta bendición puede ser tan breve o extensa como quieras.

5. Sírvete del altar de esta manera: siéntate junto a él y habla de tus objetivos y manifestaciones.

Preguntas de exploración:

* ¿Con qué frecuencia utilizarás tu altar?
* ¿Cómo te hace sentir el hecho de tomarte tiempo para ti?
* ¿Cómo te hace sentir el hecho de tener un espacio absolutamente personal?

Muñeco(a) protector(a)

BENEFICIOS:

Incrementa la sensación de estar protegido y potencia el desarrollo de las habilidades de afrontamiento

Tiempo de preparación:

10 minutos

Duración del ejercicio:

50 minutos

MATERIALES:

50 cm de alambre

Arcilla polimérica

Tijeras

Tela

Objetos encontrados (plumas, flores, hojas, etc.)

Pistola de cola termofusible y barras de cola termofusible

Recurrimos a diferentes símbolos y figuras en busca de protección y alivio. Estos símbolos y figuras son espíritus guía, ángeles y arcángeles, entre muchos otros. El hecho de hacer una figura con forma de muñeco o muñeca te permite crear un símbolo físico de tu protector. Esta figura deseas y quieres manifestar.

PASOS:

1. Antes que nada, establece una intención para el muñeco o la muñeca. ¿Qué función quieres que cumpla para ti? ¿Deseas que te ayude a sentirte en paz o protegido, o que te guíe en algún emprendimiento? Dedica diez minutos a pensar en la intención que quieres asociar a esta figura. Cuando la hayas determinado, conserva esta intención en la mente todo el rato que dediques a hacer la escultura.

2. Para empezar, corta el alambre en dos piezas iguales.

3. Dobla una de las piezas de alambre por la mitad, en forma de U.

4. Retuerce la parte doblada del alambre para crear un círculo. Esta será la cabeza de la figura.

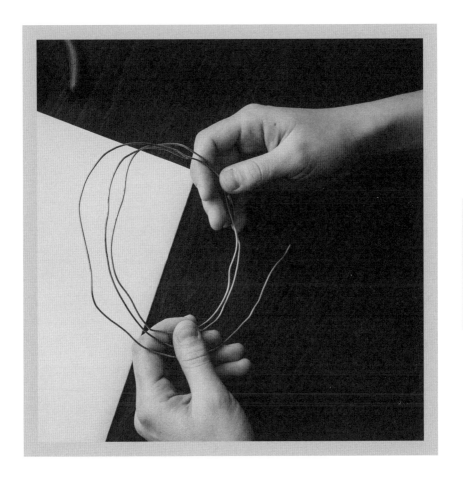

5. Pasa la segunda pieza de alambre alrededor de la mitad del primer alambre para hacer dos brazos. Ahora, los dos extremos del primer alambre deben sobresalir como piernas.
6. Pon la arcilla polimérica alrededor de la parte alta del círculo de alambre para dar forma a una cabeza.
7. Modela una cara en la cabeza.
8. Cuece la figura en el horno según las instrucciones del paquete de arcilla polimérica.
9. Dispón la tela y los objetos encontrados alrededor de los alambres para adornar el cuerpo.
10. Utiliza la cola termofusible según sea necesario para asegurar la tela y los objetos en su lugar.

Preguntas de exploración:

* ¿Qué intención determinaste para el muñeco o la muñeca? Dila en voz alta.
* ¿Dónde piensas tener esta figura?
* ¿Cómo se llama tu muñeco o muñeca?
* ¿Cómo piensas utilizar esta figura para que te ayude a manifestar tus intenciones?

Máscara

La actividad de elaborar una máscara es una manera de expresar lo que le revelamos o le ocultamos al mundo. La parte exterior de la máscara puede reflejar cómo nos vemos a nosotros mismos o qué mostramos a los demás. La parte interior de la máscara puede contener nuestras emociones. Puede ser que estemos ocultando emociones no aceptadas socialmente, como la ira, la codicia, los celos o la vergüenza. La máscara nos permite expresar las emociones que hemos estado reprimiendo. Esta actividad se puede enfocar de dos maneras; aquí se ofrecen ambas. El objetivo del primer ejercicio es incorporar una nueva habilidad de afrontamiento para lidiar con las emociones fuertes. El objetivo del segundo ejercicio es hacer visibles las emociones que se albergan en un momento dado.

PASOS:

1. Corta en tiras las vendas de yeso.
2. Sumerge en agua las tiras para que el yeso se active.
3. Pon las tiras en la parte interior del molde con forma de rostro.
4. Añade tres capas de estas tiras sobre el molde para que la máscara quede fuerte.
5. Espera quince minutos para que el yeso se fije y se seque.

6. Pinta el interior de la máscara con los colores que sientas en el momento.

7. **EJERCICIO 1:** piensa en una nueva habilidad de afrontamiento que te gustaría dominar con el fin de gestionar mejor tus emociones. Cuando hayas determinado cuál es esta habilidad, piensa en un color que asocies con ella. Pinta con este color la parte exterior de la máscara.

8. **EJERCICIO 2:** como alternativa al ejercicio 1, crea una imagen mental de lo que está pasando por tu mente y asocia un color a esta imagen. Pinta con este color la parte exterior de la máscara. Por ejemplo, tal vez estés reflexionando sobre una experiencia traumática reciente, y el trauma derivado de esta experiencia sea de color rojo en tu mente. En este caso, pintarás de color rojo la parte exterior de la máscara.

Preguntas de exploración:

* Ponte la máscara y actúa como el personaje que has creado. ¿Qué quiere decir esta persona?

* ¿En qué se diferencia lo que se siente en el interior de la máscara de lo que se muestra al exterior?

* ¿Qué has aprendido sobre ti?

Capítulo 4

Piedra enraizadora

BENEFICIOS:

Alivia la ansiedad y potencia el desarrollo de las habilidades de afrontamiento

Tiempo de preparación:

10 minutos

Duración del ejercicio:

30 minutos

MATERIALES:

Piedra del tamaño de la palma de la mano (una piedra de río, por ejemplo)

Rotuladores de colores

Las piedras enraizadoras son una magnífica manera de contribuir a aliviar las sensaciones de ansiedad enraizando la propia energía. Enraizarnos nos conecta energéticamente con la tierra. Cuando sucede esto, estamos más presentes en el momento. Una piedra enraizadora es algo que podemos llevar en el bolsillo y sostener cuando nos sentimos abrumados. El acto de sostener la piedra en la mano te inducirá calma y hará que estés más presente. Además, puedes añadir a este proceso una palabra que te haga sonreír. Otras maneras de sentirte enraizado son estar de pie descalzo sobre la hierba, tocar el tronco de un árbol o hacer diez respiraciones hondas con lentitud.

PASOS:

1. Mira una variedad de piedras de río que tengan el tamaño de tu palma aproximadamente.
2. Elige una piedra por la que te sientas atraído inmediatamente y que te produzca buenas sensaciones cuando la tienes en la mano.
3. Mira los rotuladores y elige un color o unos colores con los que te identifiques.
4. Colorea tu piedra.

5. Elige una palabra positiva que te induz-
ca calma y escríbela en la piedra con un
rotulador negro.
6. Lleva la piedra contigo.

Preguntas de exploración:

- ¿Qué te hace sentir ansiedad?
- ¿Puedes imaginar cómo una sensación de calma te invade y te
  ayuda a lidiar con la ansiedad?
- ¿Cuál crees que sería una buena ocasión para llevar la piedra
  encima?

Escultura de la familia

BENEFICIOS:

Favorece la comprensión de las dinámicas familiares

Duración del ejercicio:

1 hora

MATERIALES:

Arcilla autosecante

Herramientas de modelado

Papel

Lápiz de dibujo

Nuestra crianza da forma a nuestras creencias y a la visión que tenemos del mundo en la edad adulta. Es importante que explores el papel que tuvieron tus familiares en tu vida para comprender mejor las dinámicas que se dan o se daban dentro de tu familia. ¿Eran significativas, solidarias o difíciles las relaciones? Con el fin de explorar las dinámicas emocionales y los roles en el seno de tu familia, vas a representar con arcilla a todos sus miembros: tu madre, tu padre, tus hermanos y cualquier otro familiar cercano o que haya ejercido una influencia en ti.

PASOS:

1. Sigue las instrucciones que vengan en el paquete de arcilla para hacer figuras que representen a los familiares que fueron significativos en tu vida.
2. Mientras haces cada una de las figuras, toma nota de las emociones que surgen en ti. Podrías anotarlas en un papel.

Preguntas de exploración:

- ¿Qué papel tiene o tuvo cada uno de los miembros de tu familia? ¿Dónde encajas o encajabas en esta dinámica?
- ¿Cuál de tus familiares es el que ofrece u ofreció más apoyo?
- ¿De qué maneras puedes enriquecer tus relaciones?
- ¿Qué sentimientos afloran cuando piensas en tu familia?

El cuerpo del dolor

BENEFICIOS:

Mejora la capacidad de regular las emociones y las habilidades de afrontamiento

Duración del ejercicio:

1 hora

MATERIALES:

Arcilla autosecante

Herramientas de modelado

El dolor emocional puede ser muy destructivo si no se canaliza de la manera apropiada. Con el tiempo, las emociones negativas retenidas dan lugar al *cuerpo del dolor*. La primera persona a la que oí hablar del cuerpo del dolor fue Eckhart Tolle. Este autor dice que el cuerpo del dolor se crea cuando conservamos experiencias de vida dolorosas; nos agarramos a ellas y no las soltamos. Cuando nos aferramos a las emociones negativas asociadas a estas experiencias, creamos una forma energética de este dolor en el cuerpo. Cuando esto nos ocurre muchas veces a lo largo de muchos años, nuestro cuerpo del dolor se hace grande y se infecta. Para sanar esta energía, tenemos que ser capaces de separarnos de la emoción. Con este ejercicio harás una figura de arcilla que representará tu cuerpo del dolor, con el fin de poder soltar el dolor emocional.

PASOS:

1. Utiliza la arcilla para hacer una figura. Empieza haciendo una bola, que será la cabeza.
2. Haz una forma rectangular, que será el cuerpo.
3. Haz cuatro formas rectangulares largas, que serán los brazos y las piernas.
4. Junta las piezas sirviéndote de las herramientas de modelado.

Capítulo 4

5. Añade rasgos a tu cuerpo del dolor de arcilla.

6. Ponle nombre a este cuerpo del dolor.

Preguntas de exploración:

* La próxima vez que te sientas enojado(a), detente y nombra el enojo. Al separarte de la emoción, podrás tomar mejores decisiones en cuanto a la manera de lidiar con ella. ¿Cuál fue la última vez en que te sentiste enojado(a)?

* ¿Cómo era de grande tu cuerpo del dolor?

* ¿Eres capaz, ahora, de sentir el cuerpo del dolor de otras personas?

Banderas de plegaria

Las banderas de plegaria se remontan a miles de años atrás, a las piezas de tela rectangulares en las que se estampaban imágenes en las tradiciones tibetana y budista. Siempre contienen los mismos cinco colores y se cuelgan en la misma secuencia, en grupos de diez. Los colores representan los cinco elementos básicos y siempre deberían colgarse siguiendo el mismo orden de izquierda a derecha. El azul simboliza el espacio, el blanco el aire, el rojo el fuego, el verde el agua y el amarillo la tierra. Puedes dedicar cada pieza de tela a algo que sea significativo para ti. Las dedicatorias pueden ser para cuestiones como la sanación, el amor, la amistad, el cuidado personal y el autoempoderamiento.

PASOS:

1. Corta la tela en un rectángulo de unos 13 x 18 centímetros.
2. Dobla la parte superior hacia abajo y cose la parte superior a la parte de abajo para hacer una manga de 8 centímetros.
3. Sírvete de los rotuladores y las pinturas para decorar la bandera con colores y símbolos con los que te identifiques.
4. Con los rotuladores para tela, escribe palabras en la bandera para reforzar tus intenciones.

Capítulo 4

5. Pasa la bandera por el cordel y deja que cuelgue verticalmente. Ponla en el exterior para que la brisa propague tus intenciones.

6. Para dar continuidad a la sanación, podrías hacer una bandera cada día durante diez días, para tener todo un conjunto de banderas que pondrías juntas en el mismo cordel.

Preguntas de exploración:

* ¿Qué intenciones has asociado a tu bandera?
* ¿Por qué son significativas para ti estas intenciones en este momento de tu vida?

En un entorno grupal: cada persona hace su bandera y a continuación comparte sus intenciones con el grupo.

Caja de sueños

BENEFICIOS:

Se identifican objetivos y sueños

Tiempo de preparación:

10 minutos

Duración del ejercicio:

50 minutos

MATERIALES:

Revistas

Tijeras

Caja de cartón

Una caja de sueños es una herramienta para establecer intenciones en relación con aquello que queremos traer a nuestra vida. Es muy similar a un tablero de visión. Elige una intención y busca imágenes para representar visualmente su manifestación. En lugar de imágenes, podrías usar un objeto transicional y guardarlo en la caja. Un objeto transicional es algo que aporta alivio, sobre todo en situaciones inusuales o únicas. Por ejemplo, yo llevo puesto un collar con colgante de llave como amuleto de la buena suerte. Cuando no lo llevo puesto, me gusta guardarlo en mi caja de sueños para que esté protegido. Sé creativo al pensar en todos los detalles de lo que quieres traer a tu vida.

PASOS:

1. Tómate un tiempo para identificar algo que te gustaría que estuviese presente en tu vida.
2. Recorta imágenes y citas positivas de revistas para representar este deseo y ponlas en tu caja de sueños.
3. Usa la caja como un lugar en el que depositar un objeto transicional especial que te aporte consuelo o alivio a lo largo del día (como un brazalete, un amuleto o una piedra).

Capítulo 4

Preguntas de exploración:

- Si prescindieses de las limitaciones o los miedos, ¿qué desearías?
- ¿Crees que mereces recibir todo aquello que deseas?
- ¿Qué está evitando que manifiestes esto que deseas ahora mismo?
- ¿Puedes pensar en una afirmación relacionada con tu sueño que fortalecerá tu confianza en que este sueño se convierta en una realidad?

Ensamblaje artístico

BENEFICIOS:

Potencia las
habilidades
relativas a la
resolución de
problemas y alivia
el estrés

**Duración del
ejercicio:**

1 hora

MATERIALES:

Objetos
encontrados en la
casa (pequeños
juguetes,
chucherías, objetos
rotos, viejos
adornos, etc.)

Caja de madera
(del tamaño de
una caja de puros
aproximadamente)

Pistola de cola
termofusible y
barras de cola
termofusible

El ensamblaje es el arte de ensamblar objetos tridimensionales. Es similar al *collage*, pero este último solo es un medio bidimensional. Disponer objetos de cierta manera y crear algo nuevo con ellos les da un sentido diferente. Puedes incluir artículos personales asociados a recuerdos que atesoras, baratijas de un viaje u objetos interesantes que llamen tu atención por algún motivo. Deja que el proceso de creación artística se despliegue y te sorprenda.

PASOS:

1. Combina los objetos con espíritu lúdico y colócalos en la caja de madera.
2. Encuentra maneras de hacer algo nuevo con los objetos viejos.
3. Pega los objetos entre sí o a la caja.
4. Otorga un sentido nuevo a la obra que has creado.

Capítulo 4

Preguntas de exploración:

- ¿De qué manera refleja tu pieza de arte el momento de tu vida en el que te encuentras ahora mismo?
- ¿Te ha sorprendido el resultado? ¿Has tenido dificultades con esta actividad?
- ¿Cómo lidias con las dificultades cuando se presentan?
- ¿Qué mensaje te daría esta obra si pudiese hablar?

Cajita llena de esperanza

BENEFICIOS:

Alivia la ansiedad, la depresión y el TEPT

Tiempo de preparación:

10 minutos

Duración del ejercicio:

1 hora

~~~~~~~

MATERIALES:

Cajita de hojalata de unos 9 x 6 cm

Pintura en aerosol

Objetos encontrados

Papeles y fotos variados

Pistola de cola termofusible y barras de cola termofusible

Piensa en la belleza de una escultura de bolsillo que contiene un mensaje potente importante para ti. Ahora, añadámosle el componente de la esperanza a esta imagen visual. La esperanza es la expectativa de que los deseos van a manifestarse. La idea de sanar y tener una vida plena debería estar al frente de tus creencias, porque ciertamente es una esperanza tangible que albergan muchas personas. ¿Qué es la esperanza para ti? ¿Hay algún símbolo, animal o mensaje que pueda contener tu cajita que te evoque esperanza?

PASOS:

1. Dedica diez minutos a identificar qué quieres tener más en tu vida.
2. Pinta el exterior de la cajita con la pintura en aerosol.
3. Utiliza objetos encontrados, papeles y fotografías para componer una escena dentro de la cajita que represente aquello que quieres tener más en tu vida.
4. Pega los componentes de la escena dentro de la cajita.

Capítulo 4

Preguntas de exploración:

- ¿Qué mensaje acudió a ti mientras estabas haciendo esta obra?
- ¿Dónde vas a guardar o poner la cajita?
- ¿La llevarás contigo?

Corazón sanador

BENEFICIOS:

Potencia el desarrollo de las habilidades relativas a la regulación de las emociones y las habilidades de afrontamiento

Duración del ejercicio:

1 hora

MATERIALES:

Tela (pintada o estampada)

Tijeras

Abalorios y lentejuelas

Pintura

Pinceles

Vaso con agua

Rotulador para tela

Hilo

Aguja

Máquina de coser (opcional)

Unos 225 gramos de relleno de almohada de tu elección

Nuestro corazón alberga muchos sentimientos y emociones. Si pudieses representar los que hay en tu corazón, ¿qué aspecto tendría este? ¿Cómo se siente tu corazón en este preciso momento? ¿Amado, perdido, lleno, libre, resentido, roto, pesado, herido o ligero? El corazón humano es resiliente; es posible sanarlo dedicándole cuidados y atención, y por medio de la compasión hacia uno mismo. En este ejercicio crearás tu corazón y lo rellenarás con aquello que crees que representa mejor lo que hay en su interior. He visto muchos tipos de corazones diferentes entre las representaciones de mis clientes. Algunos estaban rotos, uno estaba enjaulado y otros tenían alas. El de cada persona es único y lo crean las experiencias que se han tenido.

PASOS:

1. Obtén una tela pintada o estampada que se corresponda con el color de tu corazón.

2. Corta la tela en dos piezas con forma de corazón del mismo tamaño.

3. Decora ambas piezas con objetos encontrados, abalorios, lentejuelas y pintura, de una manera que represente cómo ves tu corazón hoy.

4. Con el rotulador para tela, puedes escribir tu historia o una cita en un lado del corazón.

5. Cuando las dos piezas estén secas, superponlas por el dorso y cose a lo largo del contorno del corazón, dejando un hueco de 2,5 centímetros para insertar el relleno. Introduce el relleno por el agujero y cóselo.

Preguntas de exploración:

* ¿Cómo describirías tu corazón hoy?
* ¿Qué sentimientos y emociones quieres conservar en tu corazón en el futuro?

Paquetes de recuerdos

Esta pieza de arte reunirá tus experiencias favoritas. Es una forma de convertir tus buenos recuerdos en una obra artística. Una pieza especial como esta pone de relieve cuántos momentos valiosos hay realmente en la vida. Es importante centrarse en los recuerdos positivos porque la energía positiva y alegre atrae más energía positiva y alegre. En este ejercicio reunirás símbolos de momentos positivos en tu vida para atraer más experiencias positivas. Crearás algo nuevo a partir de sucesos pasados.

PASOS:

1. Da una vuelta por tu casa y reúne objetos de recuerdo y retazos de tela (por ejemplo, un trozo de camisa vieja de un ser querido) que contengan una energía positiva.

2. Haz pequeños paquetes de recuerdos positivos envolviendo los objetos de recuerdo con los pedazos de tela.

3. Une los diversos paquetes utilizando la máquina de coser. Si no tienes máquina de coser, puedes usar hilo y aguja.

4. Puedes colgar tus paquetes de recuerdos en una pared si quieres o puedes llevarlos contigo.

Preguntas de exploración:

- ¿Qué sentimientos se han despertado en ti mientras reunías los objetos de recuerdo?
- ¿Qué criterio has seguido para unir los recuerdos?
- ¿Refleja esta pieza de arte algún período de tu vida en concreto?
- ¿Qué te gustaría hacer ahora para incrementar los sentimientos positivos?
- A muchos de mis clientes les gusta planificar «citas» divertidas consigo mismos o volver a conectar con ciertas personas para volver a experimentar momentos felices. ¿Qué podrías hacer para volver a conectar contigo mismo(a) o con otras personas con el fin de recrear momentos felices?

Manos de superviviente

Las manos son expresivas y empoderadoras. Explora distintas maneras en que pueden contar una historia las tuyas. ¿Qué historias cuentan un puño, dos manos haciendo la forma de una copa, dos manos en postura de oración o una mano que hace el signo de la paz? ¿Cómo representan tus manos tu estado de ánimo actual o el estado de ánimo en el que te gustaría encontrarte? La posición de las manos puede transmitir un mensaje expresivo con eficacia. Una de mis clientes representó con yeso sus manos abiertas para recibir. Hizo un muy buen trabajo; incluso se podían ver las venas y el vello. Decidió no pintarlas y dejar a la vista el yeso blanco.

PASOS:

1. Dedica diez minutos a poner las manos en varias posiciones y decide qué posición vas a representar con el yeso.
2. Sigue las instrucciones del paquete para preparar el alginato. (Si no tienes este material, cuentas con dos alternativas. Una consiste en verter yeso húmedo en un guante de goma y cerrar el guante con una goma elástica. Deja que el yeso se seque durante la noche y quita el guante cuando ya esté seco. O bien podrías envolver una de tus manos con tiras de yeso. Cúbrete las manos con

vaselina antes de aplicar las tiras, para que el yeso no se adhiera a la piel. Cuando el molde de yeso esté firme, puedes quitarlo de la mano).

3. Encuentra una postura sentada en la que estés a gusto y vierte el alginato sobre tus manos.
4. Espera veinte minutos para que el alginato se asiente.
5. Saca las manos del alginato poco a poco.
6. Mezcla el yeso (yeso seco y agua a partes iguales).
7. Vierte el yeso en el molde de alginato.
8. Deja que se endurezca durante un día.
9. Ve sacando el alginato con cuidado. Haz cortes pequeños para evitar que se rompan los frágiles dedos.
10. Deja tu creación tal cual, con el yeso blanco a la vista, o decórala con pintura.

Preguntas de exploración:

- ¿Qué mensaje transmiten tus manos de yeso?
- ¿Te gustaría que tus manos sostuvieran físicamente algo en concreto?
- ¿Has decidido embellecerlas con pintura? ¿Por qué lo has hecho o por qué no lo has hecho?

Maceta de cualidades

BENEFICIOS:

Incrementa la relajación, reduce la ansiedad y potencia la autoestima

Duración del ejercicio:

1 hora

MATERIALES:

Arcilla autosecante

Pintura acrílica

Pinceles

Vaso con agua

La arcilla es un material muy enraizador y sanador. La intención que hay detrás de este ejercicio es identificar una cualidad positiva en particular para cada rollo creado. Cuando comiences a pensar en los atributos que te definen, tu lista de cualidades será cada vez más larga; es probable que tengas más de lo que piensas. Este ejercicio es difícil, y eres valiente por el solo hecho de ponerte a hacerlo. ¡Puedes añadir *valiente* a tu lista! ¿Eres una persona compasiva, empática, creativa, audaz, atrevida, curiosa, inteligente, juguetona o apasionada? En este proyecto, harás una maceta de arcilla. Empezarás haciendo la base y después irás añadiendo niveles usando rollos. Podrás utilizar tu obra como maceta para una planta o como recipiente doméstico.

PASOS:

1. Juega con la arcilla: presiónala, golpéala, estrújala.
2. Haz un círculo plano con un pedazo de arcilla para crear la base de la maceta.
3. Toma otro pedazo de arcilla y hazlo rodar por la mesa para darle forma de rollo.
4. Coloca el rollo alrededor de la base de la maceta.

5. Ve formando rollos; coloca cada uno sobre el anterior, hasta que la maceta tenga la altura que deseas.

6. Identifica una cualidad que tengas por cada rollo que hagas.

7. Cuando la arcilla se haya secado, pinta la maceta.

8. Si este ejercicio te exige más de una hora de dedicación a causa del tamaño de la maceta, eres libre de terminarla otro día; no tienes por qué hacerla de una sentada.

Preguntas de exploración:

- ¿Te ha sorprendido ver cuántas cualidades posees?
- ¿Hay alguna cualidad que te gustaría poseer en el futuro?
- Otra forma de utilizar la maceta consiste en escribir una situación difícil en un papel y poner este dentro de la maceta. ¿Estás experimentando alguna dificultad que requiera que seas fuerte?

Capítulo 4

Cuenco sanador

BENEFICIOS:

Potencia el desarrollo de las habilidades de afrontamiento y la capacidad de regular las emociones

Tiempo de preparación:

10 minutos

Duración del ejercicio:

50 minutos

MATERIALES:

Gesso en espray

Cuenco de cerámica

Secador de pelo

Bolsa de plástico grande

Martillo

Pintura

Pinceles

Vaso con agua

Pegamento líquido

Rotuladores de colores

En la tradición japonesa hay una modalidad de arte llamada *kintsugi*, que consiste en llenar de oro las grietas de cuencos rotos. En lugar de ocultar la historia del cuenco, la pieza dañada es reparada y las grietas se embellecen. El mensaje es que el proceso de romperse, sanar y transformarse tiene su belleza. El cuenco nos simboliza a nosotros, ya que somos un recipiente que acoge muchos contenidos. A veces nos rompemos emocionalmente y necesitamos que nos reparen. En este ejercicio romperás un cuenco y lo repararás. Cubrirás tanto la parte interior como la parte exterior del cuenco con palabras escritas para representar tu esencia. (El cuenco no será apropiado para contener alimentos una vez que hayas terminado este proyecto).

PASOS:

1. Aplica el *gesso* en espray a la parte exterior del cuenco de cerámica. (Puedes utilizar un cuenco viejo o adquirir uno en una tienda de artículos usados).
2. Seca el *gesso* con el secador de pelo. Cuando ya esté seco, introduce el cuenco en una bolsa de plástico.
3. Pon la bolsa sobre una superficie dura y golpea con suavidad los bordes del cuenco con el martillo para romperlo en unas pocas piezas.

4. Saca de la bolsa las piezas rotas y pín-
talas.
5. Cuando la pintura se haya secado, vuelve a unir las piezas, con el pegamento.
6. Elige un rotulador de un color con el que
te identifiques y repasa las líneas de las
roturas que se ven en la parte exterior
del cuenco.
7. Con el rotulador, escribe en el interior
palabras que expresen tus sentimientos.

Preguntas de exploración:

* ¿Sientes que tus experiencias difíciles te han vuelto un ser más
hermoso?
* ¿Te han vuelto más sabio(a), fuerte o compasivo(a) estas experiencias?

La caja de la aceptación

La caja de la aceptación está destinada a contener situaciones, emociones o dificultades que no podemos controlar. Esta caja contendrá tus ansiedades, miedos, inseguridades o cualquier otro contenido que esté ocupando espacio en tu cabeza. A través del proceso de escribir tus motivos de preocupación y meterlos en la caja a conciencia, los ofreces a un poder superior para que los resuelva. Esta es una manera simbólica de liberarte de aquello que no puedes cambiar. Con este acto, aceptas la solución sabiendo que hiciste todo lo que pudiste. Esta experiencia artística nos ayuda a aprender a soltar la ansiedad y a aceptar lo que ocurre como una fuente de aprendizaje. He visto cómo clientes míos veían mitigada su ansiedad con este ejercicio, porque les daba el poder de elegir dejar de preocuparse por una situación dada.

PASOS:

1. Pinta el exterior de la caja.
2. Decora la caja con los objetos encontrados usando el pegamento.
3. Escribe cualquier secreto, miedo, inseguridad o motivo de ansiedad en un pedazo de papel y métalo en la caja muy a conciencia.

Preguntas de exploración:

* ¿Notas una diferencia cuando dejas que un poder superior se ocupe de tus problemas?
* ¿Has acudido a la fe con anterioridad para gestionar otras situaciones vitales?
* ¿Utilizas la oración para afrontar situaciones?

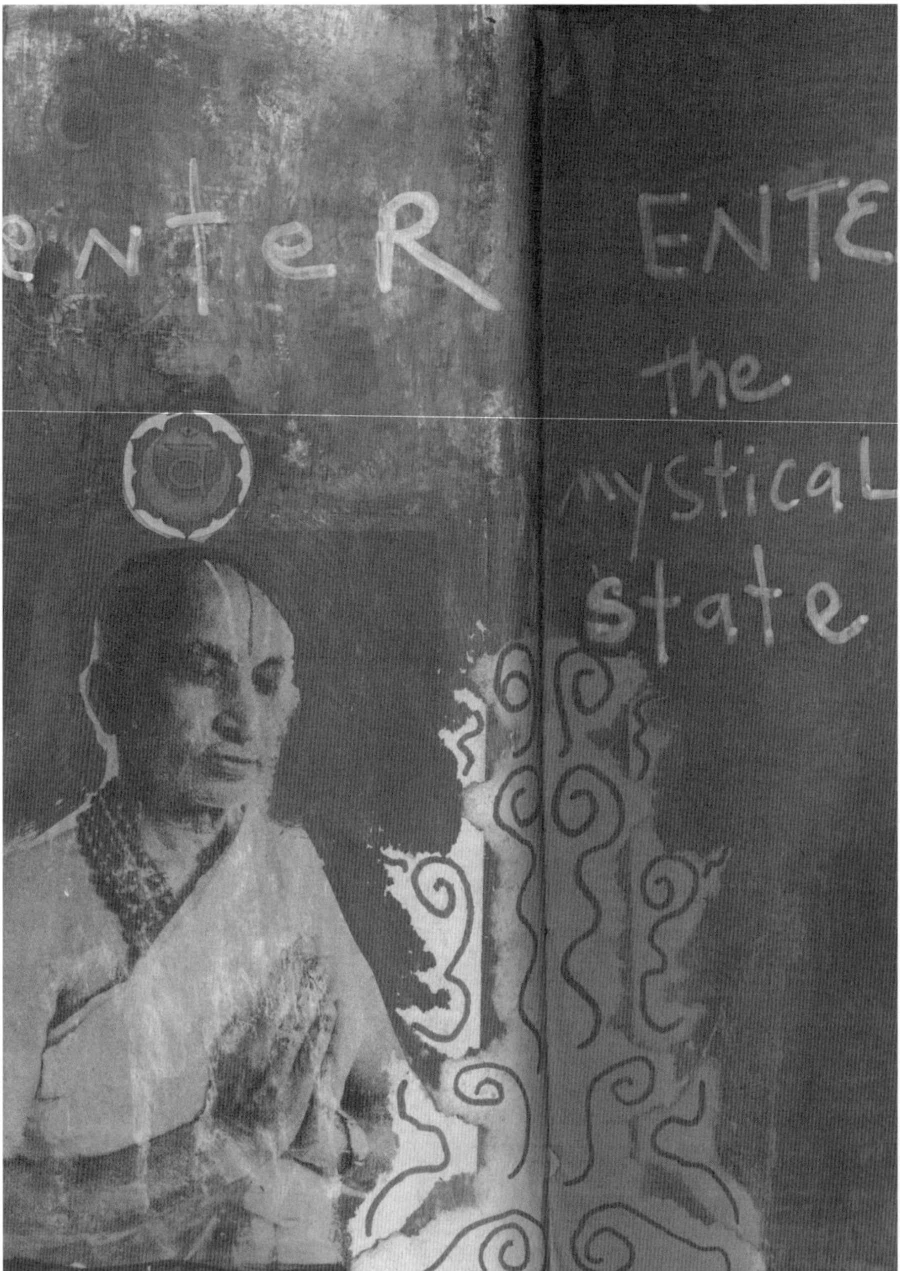
enteR
ENTE
the
mystical
state

ESCRITURA

En el ámbito de la escritura creativa se puede acceder a sentimientos y emociones, se puede exteriorizar el dolor y se pueden comprender experiencias. Los ejercicios de este capítulo están centrados en soltar sentimientos y emociones, evaluar el yo, planificar la vida y aumentar la autoestima a través de la expresión creativa. Si te sientes inspirado, puedes incorporar imágenes. Me gusta llevar un diario-cuaderno de dibujos y escritura para reflejar mis pensamientos y sentimientos en él.

Traer y soltar

Duración del ejercicio:

15 minutos

MATERIALES:

Papel

Bolígrafo

Esta actividad de escritura te conducirá a tener claro qué quieres traer a tu vida. Soltarás mentalmente personas tóxicas, situaciones e incluso objetos que ya no te sirven. Si algo no te está aportando alegría, es hora de efectuar un cambio. Muchos clientes encuentran que desprenderse de aquello que aporta confusión a su vida les trae alivio y los ayuda a sentirse más ligeros. Desprenderse de objetos físicos puede ser un primer paso magnífico.

PASOS:

1. Traza una línea de arriba abajo en la mitad de una hoja de papel para hacer dos columnas.
2. En la columna de la izquierda, pon como encabezamiento: TRAER.
3. En esta columna, haz una lista de todo aquello que quieres traer a tu vida. Esta lista puede incluir personas, sentimientos o emociones, experiencias y objetos.
4. En la columna de la derecha, pon como encabezamiento: SOLTAR.
5. En esta columna, haz una lista de todo aquello que hay en tu vida que ya no te sirve. En esta lista también puede haber personas, sentimientos o emociones, experiencias y objetos.

6. Cuando hayas terminado de hacer las dos listas, rasga el lado que contiene la columna SOLTAR, rómpelo en pedacitos y tíralo.

Preguntas de exploración:

- Es el momento de pasar a la acción. Marca en el calendario la fecha en la que vas a trabajar con tus objetivos. ¿Qué harás para soltar las personas, los lugares o los objetos que ya no te sirven?
- ¿Cómo iniciarás el proceso de traer los sentimientos o emociones que te gustaría albergar y las experiencias que querrías tener?

Capítulo 5

Superar el miedo

BENEFICIOS:

Potencia las habilidades de afrontamiento

Duración del ejercicio:

30 minutos

MATERIALES:

Cuaderno

Bolígrafo

El miedo cumple con un propósito que puede ser necesario para la supervivencia. Es una respuesta natural de protección. Sin embargo, cuando el miedo y la ansiedad comienzan a tener un impacto negativo en nuestra vida, podemos quedar bloqueados. El miedo puede evitar que vivamos la mejor vida que podríamos vivir. Este ejercicio te ayudará a comprender el papel que tiene el miedo en tu vida. Utilizarás la mano no dominante para este ejercicio de escritura con el fin de acceder a tu mente inconsciente.

PASOS:

1. Con la mano no dominante, haz una lista en tu cuaderno de tres miedos que estén interfiriendo en tu vida.

2. Siempre con la mano no dominante, escribe tus respuestas a estas preguntas:

- ¿Cuál fue la última vez que sentiste miedo?
- ¿Qué experiencias vitales habrías podido tener si el miedo no hubiese estado presente?
- ¿De qué te sirve el miedo? ¿Tiene alguna utilidad para ti?
- ¿De dónde viene el miedo?
- ¿Qué lección tiene el miedo para ti?

Preguntas de exploración:

* Cuando aparezca el miedo, pregúntate si se debe a una situación real o imaginada.
* Si el miedo se debe a una situación real y estás en peligro, busca ayuda enseguida. Si no se debe a una situación real, crea una afirmación que apoye tus sueños. Una declaración simple como «elijo el amor en lugar del miedo» puede ayudarte a salir del estancamiento y avanzar. Piensa en otras afirmaciones a las que puedas recurrir para que te ayuden a combatir el miedo.

Lo útil y lo perjudicial

BENEFICIOS:

Potencia la capacidad de tomar buenas decisiones y las habilidades de afrontamiento

Duración del ejercicio:

15 minutos

MATERIALES:

Cuaderno

Bolígrafo

Este ejercicio proporciona una representación visual de las habilidades de afrontamiento. Cuando nos damos cuenta de que disponemos de las herramientas necesarias para hacer frente a las sensaciones y emociones de agobio, estrés, enojo o tristeza, nos sentimos empoderados. Todos nos estresamos; lo importante es saber lidiar con el estrés de una manera constructiva. Este ejercicio ha ayudado a clientes míos a darse cuenta de que cuentan con apoyo en todo momento y a controlar mejor sus emociones.

PASOS:

1. Traza una línea de arriba abajo en la mitad de una hoja de tu cuaderno para hacer dos columnas.
2. En la columna de la izquierda, pon como encabezamiento: ÚTIL.
3. En la columna de la derecha, pon como encabezamiento: PERJUDICIAL.
4. En la columna dedicada a lo útil, haz una lista de todas las estrategias útiles que has empleado para lidiar con las emociones abrumadoras (por ejemplo, hablar con alguien, dibujar, dar un paseo, leer un libro o meditar).

5. En la columna dedicada a lo perjudicial, haz una lista de todas las estrategias dañinas que has utilizado para lidiar con las emociones abrumadoras (por ejemplo, acudir al alcohol, encolerizarte, mantener un monólogo interior negativo, aislarte o hacerte daño a ti mismo).

6. Al hacer las listas de estas dos columnas, es importante que seas honesto contigo mismo para poder acometer los cambios necesarios.

Preguntas de exploración:

* ¿Cuáles han sido, hasta ahora, tus respuestas a las emociones abrumadoras?

* La evasión es una estrategia de gestión de las emociones que se presenta bajo muchas formas. Algunas de ellas son ver la televisión o no relacionarse con los demás; ambas son formas dañinas de lidiar con las emociones abrumadoras, pues no deja de estar presente una sensación de incomodidad en el trasfondo. Es importante que seas proactivo(a) frente a los problemas. ¿Has estado usando estrategias útiles o perjudiciales?

Relatar tu historia

Relatar historias ocurridas puede hacer que mejoren nuestras habilidades relativas a la regulación de las emociones. Regresar a un suceso traumático nos permite mantener una distancia emocional y procesar el recuerdo. Muchas personas que han tenido una experiencia traumática recuerdan solo fragmentos de esta. Juntar las piezas de la historia ayuda al cerebro a integrar el recuerdo en la mente. Cuantas más veces se examina el evento traumático y se comenta su impacto, más fácil resulta lidiar con las emociones asociadas a este.

PASOS:

1. Recuerda un suceso traumático y reflexiona y escribe sobre él.
2. Evoca la experiencia al detalle, incluyendo las imágenes, los sonidos, las sensaciones olfativas o gustativas y las sensaciones físicas. Si no puedes recordar todo el suceso, estará bien que incluyas lo que recuerdas solamente. Si te sientes abrumado o se te despiertan emociones, ten cerca tu escudo de fuerza (página 75).
3. Reflexiona sobre las emociones que sentiste y los pensamientos que tuviste durante el suceso y después de este.

Preguntas de exploración:

- ¿Qué oíste, dijiste o tocaste en el curso de la experiencia? ¿Qué pensaste? ¿Qué emociones sentiste?
- ¿Qué sensaciones físicas experimentaste?
- ¿Cómo alteró tu vida esa experiencia? ¿Qué herramientas estás utilizando para lidiar con tus emociones y sentimientos?

Poema para expresar sentimientos

Que las palabras tienen poder sanador se sabe desde que los primeros egipcios escribían en papiros, los disolvían en el agua y después daban esta a los enfermos como remedio. Los poemas ofrecen una manera de expresar los sentimientos. Este ejercicio ayuda a hacer que afloren las emociones ocultas con el fin de que puedan ser exploradas y sanadas. Se trata de una técnica divertida que mejora las habilidades relativas a la resolución de problemas.

PASOS:

1. Recorta de una revista por lo menos diez palabras que tengan que ver con sentimientos (sustantivos, verbos y adjetivos).
2. Introduce las diez palabras en el cuenco de tal manera que no puedas leerlas.
3. Saca del cuenco cinco palabras (de las diez introducidas).
4. Utiliza las palabras para hacer un poema de cinco versos pegando cada una en un renglón, en una hoja del cuaderno.

Preguntas de exploración:

* ¿Qué palabras relativas a sentimientos has sacado del cuenco?
* ¿Qué relación tiene el poema que has creado con tu vida?
* ¿Con quién te gustaría compartir tu poema?

Mandala de palabras

BENEFICIOS:

Potencia el desarrollo de las habilidades de afrontamiento y ayuda a regular las emociones

Duración del ejercicio:

30 minutos

MATERIALES:

Revista

Tijeras

Pegamento

Cuaderno

Lápices de colores

En el budismo, los mandalas son figuras geométricas que representan el universo. *Mandala* significa 'círculo', por lo que dispondrás tus palabras en un patrón circular. Las palabras contienen poder y carga emocional. Al crear esta obra, busca palabras que te evoquen algo. Este ejercicio te ayudará a gozar de mayor claridad y a identificar sentimientos y emociones. Saber qué es lo que sientes hará que te resulte más fácil lidiar con ello.

PASOS:

1. Recorta, de la revista, palabras que denoten sentimientos y emociones.
2. Elige palabras que te resuenen.
3. Pégalas en tu cuaderno según un patrón circular.
4. Decora el mandala con los lápices de colores.

Preguntas de exploración:

* ¿Por qué has elegido esas palabras justamente?
* ¿Cómo estás lidiando con las emociones que estás experimentando en estos momentos?
* ¿Cómo puedes alimentar los sentimientos que quieres atraer?

Capítulo 5

Aclararse

BENEFICIOS:

Conduce a
identificar
necesidades,
potencia el
desarrollo de la
autoconciencia
y potencia las
habilidades de
afrontamiento

**Duración del
ejercicio:**

20 minutos

MATERIALES:

Cuaderno

Bolígrafo

Tómate un tiempo para pensar en qué es lo que realmente valoras en tu vida. ¿Disfrutas pasando tiempo con la familia y los amigos, estando solo, trabajando, comiendo bien, cuidando de tu cuerpo, cuidando de tus finanzas o divirtiéndote? Utiliza los apoyos que se ofrecen en el primer paso del ejercicio para explorar tus sentimientos y lo que es importante para ti. Muchas veces ocurre que mis clientes no están dedicando tiempo a lo que es más importante para ellos, lo cual hace que se sientan insatisfechos. Esta actividad te ayudará a identificar qué es importante para ti.

PASOS:

1. Escribe varias frases en tu cuaderno a partir de las palabras siguientes:

   - Quiero...
   - Necesito...
   - Ojalá...
   - Espero que...
   - Tengo miedo de que...
   - Deseo...
   - Soy...
   - Me encanta...

2. Mira lo que has escrito y traza un círculo alrededor de lo que es importante para ti.

Preguntas de exploración:

- ¿Qué puedes hacer para equilibrar tu uso del tiempo e incluir todo lo que quieres?
- ¿Te ha sorprendido alguna de tus respuestas?
- ¿Cuál de tus respuestas te ha suscitado una emoción más intensa?

Capítulo 5

Línea de la vida

BENEFICIOS:

Se desarrolla la comprensión del pasado para crear el futuro

Duración del ejercicio:

30 minutos

~~~~~~

MATERIALES:

Cuaderno

Bolígrafo

Comprender la propia historia ayuda a entender los sucesos actuales de la propia vida. Por ejemplo, si hay una emoción que no deja de aparecer, la capacidad de comparar cómo se ha manifestado esa emoción en otros ámbitos de la propia vida puede ayudarnos a sanar. Si pudieses volver atrás para hablar con tu personalidad más joven, ¿qué le dirías? En este ejercicio, le escribirás a la versión más joven de ti con la mano no dominante. Al mirar el pasado podemos ver que tal vez estemos llevando una carga innecesaria que nos impide avanzar.

PASOS:

1. Traza una línea a lo largo de una página de tu cuaderno para crear una línea de tiempo.
2. En la línea de tiempo, marca unas fechas, empezando por el nacimiento y continuando a lo largo de la infancia y la adolescencia, hasta el día de hoy.
3. Haz constar los sucesos significativos de tu vida, como celebraciones, obtención de premios, momentos felices y momentos tristes.
4. Incluye las personas y las relaciones que han sido significativas para ti.

5. En la página siguiente del cuaderno apunta la respuesta a las preguntas de exploración, que se exponen a continuación.

Preguntas de exploración:

* ¿Cómo respondiste a ciertos sucesos?
* ¿Te dejó una impresión duradera algún evento en particular?
* ¿Qué has aprendido sobre ti al repasar la línea de tiempo de tu vida?
* ¿Albergas algún resentimiento que te esté impidiendo conectar con la gente?

Capítulo 5

El próximo mejor paso

Identificar problemas y explorar posibles respuestas a ellos puede ayudarnos a ver las situaciones desde varios puntos de vista. Contemplar distintos resultados también puede ayudarnos a encontrar soluciones. Cuando eres presa de la ansiedad y te encuentras en modo de lucha o huida, tu cerebro no responde desde una postura de resolución de problemas saludable, sino desde un espacio de miedo. Entonces, lo primero que tienes que hacer es tomarte un tiempo para calmarte. Cuando estés más tranquilo podrás escribir varias maneras de enfocar la solución al problema.

PASOS:

1. Identifica un problema que estés experimentando.
2. Escribe tres soluciones para el problema.
3. Escribe los pros y los contras de cada solución.
4. Reflexiona sobre si cada una de las soluciones implica unas consecuencias.
5. Reflexiona sobre cómo crees que te sentirías con cada una de las posibles soluciones.
6. Repasa tus soluciones y elige la mejor opción.

7. Este ejercicio no tiene que ser de escritura necesariamente; se pueden dibujar las soluciones. Saca a flote tu creatividad y diviértete con el proceso.

Preguntas de exploración:

- ¿Cómo has determinado cuál es la mejor solución? ¿Has utilizado la lógica, el instinto o ambos?
- ¿Cómo te has sentido diseñando una estrategia para resolver un problema?

Monólogo interno

BENEFICIOS:

Potencia la
autoconciencia,
el pensamiento
positivo y las
habilidades
relativas a la
resolución de
problemas

**Duración del
ejercicio:**

20 minutos

MATERIALES:

Cuaderno

Bolígrafo

El diálogo interno negativo alimenta la depresión. Cuando tomamos conciencia de este comportamiento, podemos aprender a sustituir las declaraciones negativas por otras más positivas. ¿Hay algo que realmente quieras de la vida? ¿Albergas pensamientos o creencias negativos asociados con la obtención de lo que quieres? He visto cómo los pensamientos negativos de una de mis clientas se filtraban a varias áreas de su vida. No paraba de decirse que no era lo bastante buena. Esto afectaba a sus relaciones en el trabajo y en casa, y también a la relación que tenía consigo misma. Cuando reconoció este patrón y reemplazó su diálogo interno por pensamientos positivos y útiles, su visión de la vida y las relaciones cambió. Si tú haces lo mismo, también obtendrás este resultado.

PASOS:

1. Identifica una afirmación o un pensamiento negativos sobre ti mismo y escribe esta afirmación o este pensamiento en tu cuaderno.
2. Escribe la frase opuesta. Por ejemplo, «me odio» pasaría a ser «me amo».
3. Haz este ejercicio con todos los pensamientos negativos que albergues sobre ti mismo.

Preguntas de exploración:

* ¿Alguna vez has advertido la cantidad de pensamientos negativos que te dedicas a lo largo del día?
* Ahora que has hecho inventario de tus pensamientos al escribirlos, revísalos dentro de una semana. ¿Qué ha cambiado?

Capítulo 5

Llena tu taza

BENEFICIOS:

Potencia el desarrollo de la autoestima, la autoconciencia y las habilidades de afrontamiento

Duración del ejercicio:

30 minutos

~~~~~~

MATERIALES:

Cuaderno

Bolígrafo

Mucha gente piensa que el cuidado personal o autocuidado es ocuparse del cuerpo físico, por medio de actividades como bañarse o ir a que te corten el pelo. Este tipo de actividades son maravillosas, sí, pero nutrir el yo interior es igual de importante. En nuestra sociedad impera la cultura de las prisas, las listas de cosas por hacer y la multitarea constante. Este ejercicio te ayudará a enfocarte en bajar el ritmo. En realidad, por el solo hecho de estar leyendo este libro ya estás avanzando en la buena dirección. ¿Cómo te gustaría llenar tu taza? Si te nutres a ti mismo podrás dar más a los demás. Si tienes la taza llena, tienes más para compartir.

PASOS:

1. Dibuja una taza grande en tu cuaderno.
2. Escribe actividades de cuidado personal dentro de la taza. Incluye algunas que puedas realizar para sentirte bien a lo largo del día. Por ejemplo, podrías incluir que te gusta disfrutar de una taza de té, bañarte, pintar, programar una cita con un terapeuta, revisar tus objetivos, comprarte flores o dar un paseo.

186   EJERCICIOS PRÁCTICOS DE ARTETERAPIA

Preguntas de exploración:

* Tienes que nutrirte para florecer. ¿De qué maneras cuidas de ti mismo(a)?
* ¿Te concedes tiempo para jugar, relajarte y disfrutar el momento?
* ¿Cuál es la primera actividad encaminada a nutrirte que estás planificando? ¡Inclúyela en tu horario!

Capítulo 5

Reconoce tus cualidades

BENEFICIOS:

Potencia la autoestima y la autoconciencia

Duración del ejercicio:

20 minutos

MATERIALES:

Cuaderno

Bolígrafo

Cada persona tiene unas experiencias únicas en la vida. La mayoría de estas oportunidades son exclusivas para una persona dada porque tienen que ver con sus cualidades. Una vez volé sobre California en un avión de cuatro plazas; ¡fue una experiencia emocionante! Mi apertura a la aventura me permitió participar en ese encuentro. Este ejercicio tiene como objetivo reprogramar la mente de un modo positivo. Piensa en una experiencia increíble que hayas tenido: ¿fue una aventura o una oportunidad? El hecho de saber que has tenido experiencias especiales te ayudará a ver que la vida tiene mucho que ofrecer.

PASOS:

1. Escribe en tu cuaderno una experiencia asombrosa que hayas tenido.
2. A continuación, haz una lista de todas las cualidades positivas que posees. Aquí tienes algunos ejemplos de cualidades positivas:

- Empático.
- Fuerte.
- Creativo.
- Responsable.
- Digno de confianza.
- Honesto.

3. Si te quedas sin ideas, pregúntales a algunos amigos qué cualidades ven en ti.
4. Si alguna vez atraviesas dificultades en el futuro, echa un vistazo a la lista.

Preguntas de exploración:

* ¿Hay alguna conexión entre la experiencia que has escrito y tus talentos?
* Celebra quién eres. ¿Qué es lo que hace que seas alguien único?

Visualízalo

BENEFICIOS:

Estimula el establecimiento de objetivos

Duración del ejercicio:

30 minutos

MATERIALES:

Cuaderno

Bolígrafo

La visualización es una herramienta potente que puede aportarnos experiencias positivas. Con ella podemos entrenar el cerebro para establecer objetivos y concebir una realidad. Hay muchos deportistas y ejecutivos que utilizan la visualización para que su cerebro procese su éxito futuro como una realidad. ¿Qué es aquello que realmente quieres que esté presente en tu vida? Sueña a lo grande para permitirte la libertad de crear la vida que deseas y mereces.

PASOS:

1. Encuentra un lugar tranquilo y cómodo en el que sentarte.
2. Cierra los ojos.
3. Dedica unos momentos a visualizar tu día ideal. Empieza por el momento de despertarte e incluye todos los detalles.
4. Deja volar la imaginación. Puedes incluir determinados sentimientos o emociones que te gustaría experimentar durante tu día ideal.
5. Cuando hayas concluido la visualización, escribe todos los detalles en tu cuaderno.

Preguntas de exploración:

- ¿Qué sentimientos o emociones has experimentado?
- ¿Cómo puedes aplicar las experiencias de tu visión a tu vida tal como es hoy?

Capítulo 5

El niño interior

Tómate algún tiempo para conectar con tu niño interior. Piensa en el lugar en el que vivías y en las personas con las que estabas cuando eras pequeño. Conectar con nuestro niño interior nos proporciona una sensación de libertad y mitiga el estrés que sentimos como adultos. Piensa en un niño que no tiene que pagar ninguna factura; su única responsabilidad es ir a la escuela y pasarlo bien. Pero no todas las infancias son fáciles ni divertidas. Tal vez el niño que eras no tenía ocasiones para jugar. En este ejercicio conectarás con tu identidad previa a la adolescencia para fomentar el reconocimiento y la sanación.

PASOS:

1. Recuerda cómo eras antes de la adolescencia. ¿Qué te gustaba llevar puesto? ¿Quién fingías ser? ¿Qué era lo que más te gustaba hacer y comer? ¿Cuáles eran tus actividades lúdicas y tus juegos favoritos?
2. Con la mano no dominante, escribe una carta desde tu identidad de ocho años a tu identidad actual. ¿Qué te gustaría decirle a tu yo adulto?

Preguntas de exploración:

- ¿Qué mensaje quiere darte tu niño(a) interior?
- Ahora que eres una persona adulta, ¿te concedes tiempo para jugar?
- Si tu niño(a) interior necesita sanar, ¿qué es lo que quiere experimentar?

Estoy agradecido por...

La gratitud está fuertemente asociada a una mayor felicidad. La gratitud cambia formas de pensar y nos ayuda a sentir más emociones positivas. Las emociones positivas hacen que la vida sea más satisfactoria. Podemos sentir gratitud incluso por las cosas más pequeñas, como una taza de café o una sonrisa amistosa. Con la práctica de la gratitud, la mente empieza a buscar cosas por las que estar agradecida a lo largo del día, y ello redunda en una abundancia mayor en la propia vida. Este ejercicio es más efectivo si se practica a diario.

PASOS:

1. Escribe en tu cuaderno las palabras «Estoy agradecido por...» y rodéalas con un gran círculo.
2. Incluye también dentro del círculo las personas, los lugares y las cosas por los que estás agradecido.
3. Añade color a tu creación usando los rotuladores.

Preguntas de exploración:

* ¿Sientes que cuentas con el apoyo suficiente en tu vida?
* ¿Qué es aquello por lo que estás más agradecido(a) en el día de hoy?

COLLAGES

Los *collages* se hacen con una diversidad de materiales. Implica buscar imágenes, cortar, pegar y ensamblar elementos para crear la composición deseada. Cada experiencia artística te ayudará a conocer mejor los distintos ámbitos de tu vida.

El libro de la vida

BENEFICIOS:

Impulsa la expresión creativa y conduce a identificar objetivos

Tiempo de preparación:

5 minutos

Duración del ejercicio:

45 minutos por página

MATERIALES:

Libro viejo de tapas duras

Revistas

Tijeras

Pegamento

Este ejercicio te llevará a tener una visión holística de tu vida. Utiliza el libro de la vida a modo de diario personal. Dedicarás cada página a un objetivo que quieras conseguir. Este libro te da la oportunidad de diseñar tu vida. Cada área de esta necesita que le dediques atención. Si quieres, puedes consultar lo que escribiste en el ejercicio «Aclararse» (página 178), dedicado a lo que más valoras en la vida, para obtener ideas. Esta actividad puede realizarse tan a menudo como sea necesario para llenar el libro. Dedica tiempo a trabajar en una página hoy mismo.

PASOS:

1. Encuentra un libro viejo de tapa dura que puedas destinar a otro uso. Escribirás y pegarás cosas en el interior de este libro para hacer tu *collage*.

2. Identifica qué valoras en la vida y cómo quieres pasar el tiempo. Dedica al menos una página del libro a cada ámbito de tu vida: el físico, el espiritual, el mental, el emocional, el económico y el de las relaciones (con los padres, el resto de la familia, los amigos, la pareja...). Escribe el nombre del ámbito de la vida en la parte superior de la página.

3. Recorta palabras e imágenes de las revistas que se correspondan con la manera en que quieres vivir.

4. Pega estas palabras e imágenes en las páginas del libro pertinentes.

Preguntas de exploración:

* ¿Qué has descubierto en cuanto a lo que quieres traer a tu vida?

* ¿Qué sentimientos y emociones has experimentado mientras estabas diseñando tu vida?

Los objetivos en la vida

BENEFICIOS:

Conduce a
identificar
objetivos

Es importante que sepamos qué queremos mejorar en nuestra vida. El *collage* sobre los objetivos en la vida puede ser el inicio de la materialización de lo que queremos. ¿Qué deseas? ¿Quieres mejorar tus relaciones, tu forma de pensar, tu estado de ánimo...? Aclararte en cuanto a lo que quieres es el primer paso hacia la consecución de tus objetivos.

**Duración del
ejercicio:**

1 hora

MATERIALES:

1 hoja de papel
grueso de dibujo de
18 x 24 pulgadas*

1 lápiz

Revistas

Tijeras

Pegamento

PASOS:

1. Divide la hoja de papel en tres partes iguales.

2. En relación con cada parte, identifica un área de tu vida en la que te gustaría trabajar. Por ejemplo, la primera parte podría estar dedicada a la familia, la segunda a la vida social y la tercera al ámbito laboral.

---

* N. del T.: Ver nota en la página 31.

3. Elige tres objetivos para cada sección en los que te gustaría enfocarte.
4. Recorta imágenes de las revistas que representen estos objetivos.
5. Pega estas imágenes en las secciones correspondientes del papel para contar con elementos visuales afines a tus objetivos.

Preguntas de exploración:

* ¿Qué te ha aportado el *collage*?
* ¿Qué paso puedes dar hoy hacia la consecución de uno de tus objetivos?

Reflejar la propia vida

BENEFICIOS:

Ayuda a regular las emociones

Duración del ejercicio:

50 minutos

MATERIALES:

Revistas

Tijeras

Pegamento

1 hoja de papel grueso de dibujo de 18 x 24 pulgadas

Este *collage* te permitirá aceptar el momento que estás experimentando. Elige imágenes que representen tus emociones y sentimientos actuales, como para componer un tablero de estado de ánimo. Aceptar los sentimientos y emociones que están ahí en un momento dado es una manera eficaz de experimentarlos y soltarlos. Busca objetos, lugares y colores que sean representativos de tu estado de ánimo actual. Puedes ser creativo al elegir dónde poner los distintos elementos y la relación que mantendrán estos entre sí.

PASOS:

1. Busca en las revistas un titular que se corresponda con tu estado de ánimo actual. Recórtalo.
2. Encuentra y recorta otras palabras con las que te identifiques hoy.
3. Encuentra y recorta fotografías que reflejen cómo es tu vida hoy.
4. Pega las imágenes en el papel.

Preguntas de exploración:

* ¿Qué sentimientos y emociones has experimentado mientras representabas tu experiencia vital actual?
* ¿Has elegido, en general, cierto tipo de colores?
* ¿Qué mensaje te transmite la obra?

El *collage* de la ansiedad

BENEFICIOS:

Ayuda a expresar
y regular las
emociones y mitiga
la ansiedad

**Duración del
ejercicio:**

1 hora

MATERIALES:

Revistas

Tijeras

Pegamento

1 hoja de papel
grueso de dibujo
de 18 x 24 pulgadas

Rotuladores de
colores

Todo el mundo experimenta algún grado de ansiedad. La ansiedad pasa a ser un problema cuando sentimos que ya no tenemos el control y nos preocupamos constantemente. En este ejercicio explorarás todas las experiencias que te producen ansiedad. Para mitigar esta sensación, tenemos que saber qué la está provocando.

PASOS:

1. Encuentra imágenes de revistas que te susciten sensaciones de ansiedad y recórtalas.

2. Pega las imágenes al papel.

3. Con los rotuladores, escribe tus pensamientos relacionados con las imágenes y situaciones.

4. Ponle un título al *collage*. Piensa en las habilidades de afrontamiento que te ayudarán a reducir tus sensaciones de ansiedad.

5. Tras hacer el *collage*, estaría bien que dibujases un símbolo sanador (página 59) para que te ayude a adquirir firmeza.

Preguntas de exploración:

- ¿Qué lugares te suscitan ansiedad?
- ¿Qué sensaciones experimenta tu cuerpo cuando miras el *collage*?
- ¿Estás dispuesto(a) a soltar la preocupación y el control?

Collage con papel de seda

Con este ejercicio obtendrás una imagen expresiva. Empezarás sin ninguna intención ni dirección. Permítete una actitud lúdica y permanece abierto a lo que vaya sucediendo. Emplea colores con los que te identifiques para crear una forma abstracta. Juntar las pequeñas piezas para que el resultado parezca una vidriera de colores es una práctica meditativa.

PASOS:

1. Rompe en pequeños pedazos hojas de papel de seda de varios colores.

2. Vierte cola líquida en el cuenco con una pequeña cantidad de agua. Mezcla la cola y el agua con el pincel. La consistencia debería ser espesa, pero añade más agua si es difícil extender la mezcla.

3. Coloca los trozos de papel de seda, de colores variados, sobre la hoja de papel, para realizar un diseño.

4. Sumerge el pincel en la mezcla de cola y extiéndela con delicadeza sobre los trozos de papel de seda para que se adhieran a la hoja de papel.

Preguntas de exploración:

* ¿Se aprecia alguna forma u objeto en tu diseño abstracto? En caso afirmativo, ¿qué significa para ti?
* ¿Qué colores has utilizado? ¿Por qué has elegido estos colores?
* ¿Qué sentimiento o emociones se han manifestado?

Lo que sientes frente a lo que expresas

BENEFICIOS:

Potencia el desarrollo de la autoconciencia

Duración del ejercicio:

1 hora

~~~~~~

MATERIALES:

Revistas

Tijeras

1 hoja de papel grueso de dibujo de 18 x 24 pulgadas

Pegamento

La autoconciencia es el conocimiento consciente del propio carácter, los propios sentimientos, las propias motivaciones y los propios deseos. La verdadera autenticidad es la capacidad de compartir lo que sentimos. En este ejercicio crearás una representación visual de tu estado emocional interno y verás si se corresponde con lo que saben de ti los demás. ¿Vas por ahí sonriendo cuando estás triste por dentro? ¿Muestras a los demás cómo eres en realidad? El hecho de ver tu yo interior al lado del personaje que muestras te dará perspectiva sobre las emociones que albergas frente a aquellas que compartes con las personas que forman parte de tu vida.

PASOS:

1. Recorta, de las revistas, palabras e imágenes que denoten estados emocionales. Por ejemplo, busca imágenes de felicidad, alegría, tristeza, apatía, aburrimiento, enojo, rabia, frustración, amor, *shock*, ansiedad y aversión.
2. Divide la hoja de papel en dos partes.

3. En un lado del papel, pega las palabras e imágenes correspondientes a los sentimientos y emociones que albergas en tu interior.

4. En el otro lado del papel, pega las palabras e imágenes correspondientes a los sentimientos y emociones que muestras a los demás.

Preguntas de exploración:

* ¿Hay alguna conexión entre los sentimientos y emociones que albergas y lo que muestras a los demás?

* ¿Eres capaz de ser vulnerable y compartir tu verdadera identidad?

* ¿Hay partes de ti que solo muestras a ciertas personas?

Manifestar cualidades

BENEFICIOS:

Potencia la
autoconciencia
y se identifican
cualidades

**Duración del
ejercicio:**

1 hora

~~~~~~

MATERIALES:

Revistas

Tijeras

Rotuladores de
colores

Pegamento

1 hoja de papel
grueso de dibujo
de 18 x 24 pulgadas

Piensa en cualidades que te gustaría tener. ¿Tal tez te gustaría ser más valiente o atrevido, o querrías estar más sano? En este ejercicio, incorporarás estos elementos en un autorretrato. Una de mis clientas creó una versión sexi, audaz e intensa de sí misma. Después se dio cuenta de que no estaba mostrando esa vitalidad en su vida, pero era una parte de sí misma que ansiaba potenciar. Tomó la iniciativa para estar más presente en su negocio y para estar más segura de sí misma.

PASOS:

1. Recorta, de la revista, una figura que represente la personalidad que querrías tener.

2. Con los rotuladores, cambia los rasgos de la figura para que se correspondan con los tuyos (color de los ojos, forma de la nariz, ropa...).

3. Pega la figura en la hoja de papel.

4. En el fondo, añade palabras que expresen lo que quieres manifestar.

5. Añade un borde colorido al *collage* para darle un aspecto de obra acabada.

Preguntas de exploración:

- ¿Qué cualidades en las que te gustaría trabajar has identificado?
- ¿Qué has aceptado de ti?
- ¿Cómo te ha hecho sentir este proceso?
- ¿Cómo incorporarás a tu vida esta nueva versión de ti?

Un espacio seguro

BENEFICIOS:

Potencia las habilidades de afrontamiento y las relativas a la toma de decisiones

Duración del ejercicio:

1 hora

~~~

MATERIALES:

Revistas

Tijeras

Pegamento

1 hoja de papel grueso de dibujo de 18 x 24 pulgadas

Puedes concebir este *collage* como un plan de seguridad. También puedes usarlo como herramienta para regular tus emociones. Cuando te veas abrumado por estas, contempla este *collage* para calmarte y liberar ansiedad.

PASOS:

1. Elige imágenes de las revistas que te aporten una sensación de relajación. También puedes elegir imágenes de prácticas de cuidado personal.

2. Recorta las imágenes de las revistas y pégalas en el papel.

3. Cuelga el *collage* para poder mirarlo cuando experimentes ansiedad o estés deprimido.

Preguntas de exploración:

• ¿Te gustaría añadir algún otro elemento a la imagen para que te ayude a sentirte a salvo?

• ¿Hay alguna barrera, valla o pared protegiéndote? En caso afirmativo, ¿qué simboliza esta imagen?

• ¿Cómo describirías tu espacio seguro desde la apreciación que proporciona cada uno de tus cinco sentidos?

En un entorno grupal: si esta actividad se hace en grupo, podéis recortar previamente las imágenes de las revistas antes de reuniros todos para hacer vuestros *collages*.

Collage en cuaderno acordeón

BENEFICIOS:

Potencia el desarrollo de las habilidades de afrontamiento y las relativas al establecimiento de objetivos

Duración del ejercicio:

1 hora

MATERIALES:

2 hojas de papel de 8 x 12 pulgadas*

Cinta adhesiva

Revistas

Tijeras

Pegamento

Pintura

1 pincel

Vaso con agua

Esta actividad te da la oportunidad de definir las áreas de tu vida en las que puedes realizar cambios con el fin de alcanzar los objetivos deseados. Me gusta elegir una palabra para cada *collage* que me proporcione cierta dirección hacia la consecución de mis objetivos. Recientemente mi palabra era *refulgente*, que significa 'resplandeciente'. El tema de esta pieza de arte tiene que guardar relación con tu objetivo. Deja que acudan a ti imágenes que tengan que ver con tu intención.

PASOS:

1. Une las dos hojas de papel con la cinta adhesiva y a continuación dóblalas horizontalmente con movimientos hacia delante y hacia atrás para hacer cuatro secciones separadas.

2. Busca en las revistas imágenes de aquello por lo que te sientes atraído y de aquello que te gustaría que estuviese presente en tu vida.

3. Elige una palabra como tema de tu obra. Recorta las imágenes que tengan que ver con esta intención.

---

* N. del T.: Si no puedes encontrar un papel de estas dimensiones (equivalentes a 20,3 x 30,5 centímetros aproximadamente), el formato DIN A4 tiene un tamaño similar (21 x 29,7 centímetros).

4. Pega las imágenes en las páginas del cuaderno acordeón. También puedes utilizar lo que vendrían a ser las cubiertas delantera y trasera del cuaderno.
5. Emplea pintura para llenar el espacio en blanco que quede y para decorar la obra.

Preguntas de exploración:

* Formula algunos objetivos que puedas conseguir que se correspondan con lo que has puesto en el *collage*.
* ¿Cuál era tu palabra? ¿Qué actividades puedes realizar para hacer que cobre vida?

Identificar y gestionar los miedos

BENEFICIOS:

Potencia el procesamiento de los sentimientos y potencia las habilidades de afrontamiento y las relativas a la toma de decisiones y la regulación de las emociones

Tiempo de preparación:

10 minutos

Duración del ejercicio:

50 minutos

MATERIALES:

Revistas

Tijeras

Pegamento

1 hoja de papel grueso de dibujo de 18 x 24 pulgadas

Pintura acrílica

Pinceles

Vaso con agua

Mientras estás procesando un suceso traumático o estás inmerso en la depresión, el miedo podría evitar que te sintieses motivado a practicar el autocuidado. El miedo puede ser abrumador y te puede impedir avanzar. Algunos miedos son buenos porque pueden evitar que sufras daños, pero otros tienen como base ilusiones y hacen que no avances en la vida. Con este ejercicio los identificarás y aprenderás a regular mejor tus emociones vinculadas a ellos.

PASOS:

1. Tómate diez minutos para identificar tres miedos que te estén impidiendo ser feliz o alcanzar tus metas.

2. Elige imágenes de las revistas que representen estos miedos.

3. Recorta estas imágenes y pégalas en la hoja de papel.

4. Cuando ya hayas plasmado los tres miedos, elige colores de pintura que los representen y añádelos al *collage*.

Preguntas de exploración:

- Tus miedos ¿tienen como base peligros físicos o peligros psicológicos?
- ¿Puedes pensar en algunas afirmaciones positivas para combatir tus miedos?

Identificar y abordar necesidades

BENEFICIOS:

Se identifican necesidades emocionales y ayuda a tomar mejores decisiones

Duración del ejercicio:

1 hora

~~~~~~~

MATERIALES:

1 hoja de papel grueso de dibujo de 18 x 24 pulgadas

Rotuladores de colores

Ordenador

Impresora

Tijeras

Pegamento

Todos tenemos unas necesidades básicas que requieren que nos ocupemos de ellas. Este *collage* te proporciona un marco para que veas qué necesidades estás atendiendo y cuáles necesitan tu atención. Si hay necesidades que no estás satisfaciendo, sentirás que no gozas del debido equilibrio o que falta algo en tu vida. Cuando puedas ver y abordar cada necesidad, podrás tomar mejores decisiones. Si un área en particular necesita que le dediques atención, programa algún tiempo en los próximos días para concentrar tu energía en esa área.

PASOS:

1. Divide la hoja de papel en siete columnas.
2. Pon estos títulos a las columnas:

- Necesidades de seguridad (protección razonable frente a posibles daños psicológicos y físicos).
- Necesidades físicas (comida, agua, alojamiento).
- Necesidades de control (poder e influencia sobre las situaciones).
- Necesidades de confianza (buenas relaciones).
- Necesidades de autoestima (cómo te sientes contigo mismo).

- Necesidades de disfrute personal (hacer cosas por diversión).
- Necesidades de crecimiento personal (espiritualidad y conexión con la comunidad).

3. Elige imágenes de Internet representativas de cada una de las categorías.
4. Imprime estas imágenes.
5. Recorta las imágenes y pégalas en la categoría correcta.
6. Siéntete libre de ser creativo y añadir tus propios diseños a la página con los rotuladores.

Preguntas de exploración:

- ¿Estás satisfaciendo tus necesidades de autocuidado de manera equilibrada?
- ¿Hay algún área que necesite tu atención?

Afrontar la culpa y la vergüenza

BENEFICIOS:

Se sueltan emociones

Duración del ejercicio:

1 hora

~~~~~~~~~

MATERIALES:

Revistas

Tijeras

Pegamento

1 hoja de papel grueso de dibujo de 18 x 24 pulgadas

Rotuladores de colores

Acuarelas

1 pincel

Vaso con agua

La culpa es sentir que somos responsables de una mala acción. Este sentimiento puede persistir incluso si nos disculpamos. La vergüenza es un sentimiento de humillación aún más doloroso. La vergüenza puede llevar a una persona a pensar que no es digna de amor, de tener amistades o de ser feliz. Puede afectar a ámbitos de la vida que no guardan relación entre sí y conducir al aislamiento, la deshonestidad, los comportamientos abusivos, el alcoholismo o la adicción al trabajo. Muchas personas que albergan vergüenza se sienten demasiado incómodas como para buscar ayuda, pero es importante identificar el punto de partida de este sentimiento. Hablar de tu pieza de arte con un terapeuta capacitado puede ayudarte a compartir tu historia y empezar a sanar.

Capítulo 6

PASOS:

1. Encuentra, en las revistas, imágenes que representen la culpa y la vergüenza. Recórtalas.
2. Pega las imágenes al papel.
3. Con los rotuladores, añade palabras que expresen tus sentimientos.
4. Utiliza las acuarelas para añadir color al *collage*.

Preguntas de exploración:

- ¿Cómo te has sentido haciendo este *collage*?
- ¿Has podido perdonarte a ti mismo(a) y perdonar a las otras personas implicadas?
- ¿Qué mensaje tiene esta obra para ti?

Lo que hay en tu cabeza

A veces no nos damos cuenta de lo ocupados que estamos ni de lo llena que tenemos la mente. Crear una representación de los pensamientos que hay en tu cabeza te permitirá echar un vistazo más profundo a los contenidos que han estado ocupando tu mente. Esta actividad es una excelente manera de evaluar los pensamientos saludables frente a los que no lo son.

PASOS:

1. Elige una imagen de una revista para que te represente. Recórtala.
2. Pega la imagen a la hoja de papel.
3. Utiliza los rotuladores para rodear la imagen de líneas y diseños que ilustren tus pensamientos.

Preguntas de exploración:

- ¿A qué pensamientos dedicas la mayor parte de tu tiempo?
- ¿Albergas pensamientos que no te son útiles?

«Yo soy»

BENEFICIOS:

Potencia la autoestima y potencia las habilidades de afrontamiento

Duración del ejercicio:

1 hora

MATERIALES:

Bolígrafo

1 hoja de papel grueso de dibujo de 18 x 24 pulgadas

Revistas

Tijeras

Pegamento

Identificar todos tus puntos fuertes y todas tus cualidades exclusivas puede ser increíblemente empoderador. Este *collage* te ofrece una oportunidad de acceder a tu grandeza y darte cuenta de todos los aspectos singulares que te hacen único. A muchos de mis clientes les encanta esta actividad porque eleva su estado de ánimo casi de inmediato.

PASOS:

1. Escribe YO SOY en el centro de la hoja.

2. Busca en las revistas palabras que representen todas tus características positivas y recórtalas.

3. Pega las palabras a la hoja de tal manera que irradien desde las palabras YO SOY.

4. Pon esta imagen en un lugar en el que vayas a verla a menudo con el fin de nutrir tu autoestima.

Preguntas de exploración:

* ¿Cómo te hace sentir el hecho de tener todas estas cualidades?
* ¿Cómo puedes servirte de estas características positivas en diversos ámbitos de tu vida?

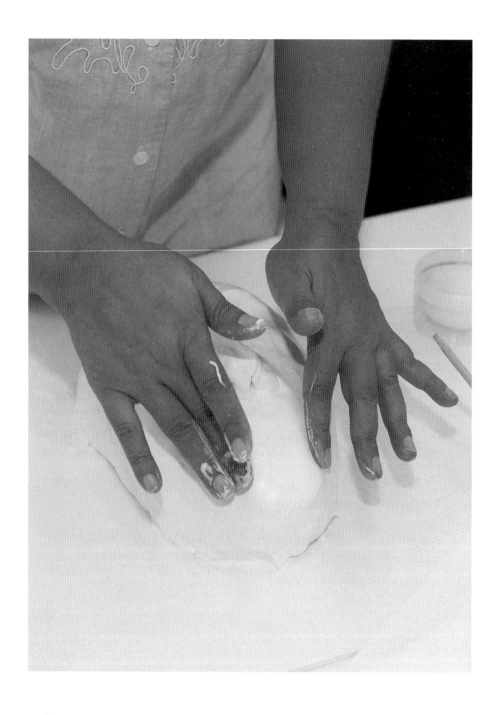

RECURSOS

Para más información sobre la arteterapia:
American Art Therapy Association:
www.arttherapy.org
Web de la autora:
www.leahguzman.com
Psychology Today:
www.psychologytoday.com

En estos sitios web encontrarás materiales para hacer arte:
Blick Art Materials:
www.dickblick.com
Jerry's Artarama:
www.jerrysartarama.com

Teléfonos para situaciones de crisis en España:*
Emergencias, Unión Europea: 112
Violencia de género: 016
Víctimas de LGTBIfobia: 028*
Teléfono de la Esperanza: 717 003 717 (crisis emocionales)
Prevención de conductas suicidas: 024

---

* N. del T.: Todos los teléfonos que aquí se ofrecen los ponen a disposición organismos gubernamentales, excepto el Teléfono de la Esperanza, que es gestionado por una
ONG. Cada país dispone de sus propios organismos equivalentes.

REFERENCIAS

Art Therapy Journal. «The History of Art Therapy». Consultado el 14 de noviembre de 2019 en www.arttherapyjournal.org/art-the-rapy-history.html.

GoodTherapy. «Art Therapy». Consultado el 14 de noviembre de 2019 en www.goodtherapy.org/learn-about-therapy/types/art-therapy.

Kaimal, Girija, Kendra Ray y Juan Muniz (2016). «Reduction of Corti-sol Levels and Participants' Responses Following Art Making». *Art Therapy*, 33 (2), 74-80. www.ncbi.nlm.nih.gov/pmc/articles/PMC5004743/

National Institute of Mental Health ('instituto nacional de salud men-tal'). Consultado el 14 de noviembre de 2019 en www.nimh.nih.gov/health/topics/depression/index.shtml.

Rosal, Marcia L. (2018). *Cognitive-Behavioral Art Therapy*. Nueva York, EUA: Routledge.

Tolle, Eckhart (2007). *Un mundo nuevo, ahora: encuentra el propó-sito de tu vida*. España: DeBolsillo.

UCLA Mindful Awareness Research Center ('centro de investigación de la atención plena de la Universidad de California en Los Án-geles'). Consultado el 14 de noviembre de 2019 en www.ucla-health.org/marc/research.

ÍNDICE TEMÁTICO

N

O

P

R

S

T

AGRADECIMIENTOS

Doy las gracias a todos los profesores, mentores y colegas que me han ayudado en mi práctica de arteterapia. Gracias, Marcia Rosal, David Gussak y Betty Jo Traeger, por enseñarme las bases. Estoy agradecida por la oportunidad de ofrecer servicios de arteterapia a jóvenes en riesgo en el Sistema de Escuelas Públicas del Condado de Miami-Dade. Doy las gracias a mis clientes por permitirme ser un faro para ellos. Mando un gran saludo a mi esposo, Jorge Guzman, por su apoyo incondicional a mis emprendimientos.

SOBRE LA AUTORA

LEAH GUZMAN es una arteterapeuta acreditada por la Art Therapy Credentials Board, Inc. ('junta de credenciales de arteterapia, inc.') y artista profesional que obtuvo su licenciatura en Bellas Artes con especialización en escultura en la Universidad Estatal de Georgia. Posteriormente completó su máster en Educación Artística con especialización en arteterapia en la Universidad Estatal de Florida. Además, mientras vivía en California, asistió al Instituto de Arte de San Francisco.

Ha impartido psicoterapia a través del arte en el sur de Florida durante diecisiete años y ha trabajado en escuelas, hospitales, refugios, residencias de ancianos y un correccional de menores. Actualmente imparte sesiones de arteterapia en línea para tratar a pacientes con ansiedad y depresión. También ofrece servicios clínicos a tiempo completo en escuelas públicas. Su misión es ofrecer el regalo de la creatividad enfocada en la sanación a fin de que otras personas puedan manifestar su identidad más auténtica y la mejor vida que puedan tener.

Las pinturas de técnica mixta de Leah son contemporáneas, simbólicas, de carácter espiritual y reconocidas a nivel internacional. La colección multigénero incorpora pinturas abstractas, obras figurativas y sus características instalaciones laberínticas interactivas. En el contexto de sus investigaciones dentro de la práctica de la arteterapia y centradas en ver qué colores resuenan con los estados psicológicos y emocionales, ha reconocido el profundo poder de los elementos esenciales de las artes visuales.